Gesund kochen, ausgewogen geniessen. Das geht auch im hektischen Alltag. Wir beweisen das mit den feinen, schnellen und einfachen Rezepten in diesem Buch. Sie sind eine echte Hilfestellung, sie inspirieren und garantieren für Genuss. Jedes Rezept ist in sich ausgewogen oder enthält einen Tipp, wie es einfach ergänzt werden kann, damit neben dem Genuss auch die Gesundheit voll auf ihre Kosten kommt. Unsere Ernährungs- und Küchenprofis haben Ihnen damit schon einmal einen grossen Teil der Arbeit abgenommen. Ein spezielles Augenmerk haben wir zudem darauf gerichtet, dass alle Zutaten gut erhältlich sind und Gross und Klein schmecken.
Im Ratgeber-Teil haben wir kurz und kompakt alle wichtigen Informationen rund um den ausgewogenen Genuss für Sie zusammengestellt, ergänzt mit vielen praxisorientierten Tipps für einen entspannten, gesunden und genussvollen Familienalltag.

Herausgegeben von der Betty Bossi AG, Postfach, 8021 Zürich.

INHALT

Täglich Gemüse 4
Bunte Fit-Rezepte für einen vitalen Alltag

Fisch und Fleisch 44
Wohlfühlrezepte für gesundheitsbewusste Geniesser

Extraportion Gesundheit 74
Farbenfrohe Drinks und Gemüsesuppen für eine zusätzliche Portion Power

Ratgeber-Teil 84

Wichtig: Die unter «Ergänzen mit» aufgeführten Zutaten ergänzen das Rezept optimal, sie sind deshalb in der Nährwertberechnung bereits enthalten.

OFENGEMÜSE MIT RACLETTEKÄSE

Vor- und zubereiten: ca. 30 Min.
Backen: ca. 35 Min.

---

800 g Raclette-Kartoffeln,
  in Schnitzen

300 g Kürbis (z. B. Muscade),
  in Würfeln

200 g rohe Randen,
  in Schnitzen

200 g Rüebli, in Scheiben

200 g Sellerie, in Würfeln

2 rote Zwiebeln,
  in Schnitzen

2 Zweiglein Rosmarin

2 EL Olivenöl

1 TL Fleur de Sel

wenig Pfeffer

---

8 Scheiben Raclettekäse
  (ca. 400 g)

---

wenig Edelsüss-Paprika

wenig Pfeffer

---

1. Kartoffeln und alle Zutaten bis und mit Pfeffer in einer Schüssel mischen, auf einem mit Backpapier belegten Blech verteilen.

2. **Backen:** ca. 25 Min. in der Mitte des auf 200 Grad vorgeheizten Ofens. Herausnehmen, Käse auf das Gemüse legen.

3. **Fertig backen:** ca. 10 Min. Herausnehmen, würzen.

Portion: 636 kcal, F 35 g, Kh 45 g, E 33 g

> **Tipp**
Statt Kürbis, Randen, Rüebli und Sellerie Sommergemüse wie Auberginen, Fenchel, Peperoni und Zucchini verwenden. Das Sommergemüse vor dem Servieren mit Basilikum oder Pfefferminze, fein geschnitten, bestreuen.

HÖRNLIGRATIN MIT BRÖSMELI

Vor- und zubereiten: ca. 20 Min.
Gratinieren: ca. 20 Min.
Für eine weite ofenfeste Form
von ca. 2 Litern, gefettet

300 g Teigwaren (z. B. Hörnli)

Salzwasser, siedend

500 g tiefgekühlte Erbsli,
angetaut

2 EL Schnittlauch,
fein geschnitten

4 dl Milch

200 g Doppelrahm-Frischkäse
(z. B. Philadelphia)

½ EL milder Curry

1 TL Salz

wenig Pfeffer

40 g Butter

50 g hartes Brot, gerieben,
oder Paniermehl

3 EL geriebener Gruyère

1. Teigwaren im Salzwasser knapp al dente kochen, abtropfen, in die vorbereitete Form geben. Erbsli und Schnittlauch beigeben, mischen.

2. Milch, Frischkäse und Curry verrühren, würzen, über die Teigwaren giessen.

3. Butter in einer Pfanne warm werden lassen. Brot unter Rühren bei mittlerer Hitze goldbraun rösten, Käse daruntermischen, auf den Teigwaren verteilen.

4. **Gratinieren:** ca. 20 Min. in der Mitte des auf 200 Grad vorgeheizten Ofens.

Ergänzen mit: Blattsalat.

Portion: 748 kcal, F 33 g, Kh 85 g, E 28 g

> **Lässt sich vorbereiten**
> Teigwaren ca. 1 Tag im Voraus zubereiten, mit den Erbsli und dem Schnittlauch in die vorbereitete Form geben. Guss zubereiten, beides separat zugedeckt im Kühlschrank aufbewahren. Guss kurz vor dem Gratinieren gut aufrühren, über die Teigwaren giessen. Die Gratinierzeit verlängert sich um ca. 5 Minuten.

LAUCH-SPINAT-PIZZA MIT RADIESLI

Vor- und zubereiten: ca. 15 Min.
Backen: ca. 25 Min.

- **1 ausgewallter Pizzateig** (ca. 25 × 38 cm)
- **200 g Masgonzola,** in Stücken
- **300 g Lauch,** in feinen Ringen
- **150 g Jungspinat**
- **1 EL Olivenöl**
- **½ TL Salz**
- **wenig Pfeffer**
- **100 g Gruyère,** grob gerieben
- **1 Bund Radiesli mit wenig Grün,** grob geschnitten

1. Teig mit dem Backpapier ins Blech legen. Masgonzola, Lauch und Spinat auf dem Teig verteilen. Öl darüberträufeln, würzen. Käse darüberstreuen.

2. **Backen:** ca. 25 Min. auf der untersten Rille des auf 240 Grad vorgeheizten Ofens. Herausnehmen, Radiesli darauf verteilen.

Tipp: Statt Masgonzola Mascarpone oder Crème fraîche verwenden.

Portion: 688 kcal, F 34 g, Kh 71 g, E 25 g

POLENTA-PIZZA

Vor- und zubereiten: ca. 20 Min.
Backen: ca. 15 Min.
Für ein Backblech von ca. 30 cm Ø, Boden mit Backpapier belegt

1 EL	**Olivenöl**
1	**Zwiebel,** fein gehackt
1	**Knoblauchzehe,** gepresst
1 l	**Gemüsebouillon**
250 g	**mittelfeiner Maisgriess** (4 Min.)
4 EL	**Rucola-Pesto** (S. 22)
4	**Tomaten,** in Scheiben
300 g	**Mozzarella,** in Scheiben
20 g	**Rucola** oder Basilikum
wenig	**Peffer**

1. Öl in einer Pfanne warm werden lassen. Zwiebel und Knoblauch andämpfen. Bouillon dazugiessen, aufkochen. Mais einrühren, Hitze reduzieren, unter Rühren bei kleiner Hitze ca. 4 Min. zu einem dicken Brei köcheln. Polenta im vorbereiteten Blech verteilen.
2. Pesto, Tomaten und Mozzarella auf der Polenta verteilen.
3. **Backen:** ca. 15 Min. in der Mitte des auf 220 Grad vorgeheizten Ofens. Herausnehmen, Rucola darauf verteilen, würzen.

Tipps

– Statt Rucola-Pesto Basilikum-Pesto verwenden.

– Statt frische Tomaten 1 Dose gehackte Tomaten (ca. 800 g), abgetropft, verwenden.

Ergänzen mit: Rucola- oder Blattsalat.

Portion: 636 kcal, F 35 g, Kh 57 g, E 23 g

SAFRANSPIRALEN AN KOHLRABISAUCE

Vor- und zubereiten: ca. 35 Min.

300 g Teigwaren
(z. B. Spiralen)

1 Briefchen Safran

Salzwasser, siedend

2 EL Olivenöl

1 Zwiebel, fein gehackt

1 Knoblauchzehe,
gepresst

800 g Kohlrabi, in Würfeli

100 g Hinterschinken,
in Würfeli

2 dl Halbrahm

**100 g entsteinte grüne
Oliven**

2 EL dunkle Sultaninen

1 EL Salbei, fein geschnitten

einige Safranfäden

Salz, Pfeffer,
nach Bedarf

50 g Parmesan, mit dem
Sparschäler dünne Späne
abgeschält

1. Teigwaren mit dem Safran im Salzwasser al dente kochen, ca. 3 dl Kochwasser beiseite stellen, Teigwaren abtropfen.

2. Öl in derselben Pfanne warm werden lassen. Zwiebel und Knoblauch andämpfen, Kohlrabi und Schinken ca. 2 Min. mitdämpfen. Beiseite gestelltes Kochwasser und Rahm dazugiessen, zugedeckt bei kleiner Hitze ca. 5 Min. köcheln.

3. Oliven, Sultaninen, Salbei und Safranfäden mit den Teigwaren beigeben, nur noch heiss werden lassen, würzen. Käse darüberstreuen.

Portion: 627 kcal, F 29 g, Kh 67 g, E 24 g

> **Tipps**
> – Statt Parmesanspäne geriebenen Parmesan oder Sbrinz verwenden.
> – Oliven mit Stein verwenden, sie sind intensiver im Aroma. Machen Sie Ihre Mitgeniesser vor dem Essen auf die Olivensteine aufmerksam.

SPARGEL-FLAMMKUCHEN MIT ROHSCHINKEN

Vor- und zubereiten: ca. 20 Min.
Backen: ca. 25 Min.

- **1 ausgewallter Pizzateig** (ca. 25×38 cm)
- **200 g saurer Halbrahm**
- **3 Bundzwiebeln mit dem Grün,** in Ringen
- **1 kg grüne Spargeln,** unteres Drittel geschält, in ca. 2 cm langen Stücken
- **2 EL geriebener Sbrinz**
- **1 EL Olivenöl**
- **1 TL Salz**
- **wenig Pfeffer**
- **100 g Rohschinken**
- **einige Zweiglein Kerbel**

1. Teig mit dem Backpapier ins Blech legen, Teig bis an den Blechrand ausziehen. Sauren Halbrahm, Bundzwiebeln, Spargeln und Käse auf dem Teig verteilen. Öl darüberträufeln, würzen.

2. **Backen:** ca. 25 Min. auf der untersten Rille des auf 240 Grad vorgeheizten Ofens. Herausnehmen, Rohschinken drauflegen, mit Kerbel garnieren.

Tipp: Statt Spargeln Kürbis (z. B. Butternut), grob gerieben, verwenden.

Portion: 600 kcal, F 21 g, Kh 76 g, E 25 g

SOMMERREIS

Vor- und zubereiten: ca. 35 Min.

250 g	**Langkornreis** (z. B. Parboiled)
	Salzwasser, siedend
2 EL	**Olivenöl**
1	**Zwiebel,** in feinen Streifen
500 g	**Zucchini,** in Scheiben
200 g	**tiefgekühlte Erbsli,** angetaut
3 EL	**Sojasauce**
wenig	**Pfeffer**
6	**frische Eier,** verklopft
2 EL	**gesalzene Erdnüsse,** grob gehackt

1. Reis im Salzwasser knapp weich kochen, abtropfen.
2. Öl im Wok oder in einer weiten beschichteten Bratpfanne heiss werden lassen. Zwiebel, Zucchini und Erbsli ca. 5 Min. rührbraten.
3. Reis und Sojasauce beigeben, würzen, Hitze reduzieren. Reis ringsum an den Rand schieben, Eier in die Mitte der Pfanne giessen, ca. 4 Min. stocken lassen, mit dem Reis mischen, kurz fertig rührbraten. Erdnüsse darüberstreuen.

Ergänzen mit: Blattsalat.

Portion: 532 kcal, F 22 g, Kh 62 g, E 22 g

SOMMERLASAGNE

Vor- und zubereiten: ca. 30 Min.
Backen: ca. 30 Min.
Für eine weite ofenfeste Form
von ca. 2 Litern, gefettet

---

1 EL Olivenöl

1 Zwiebel, fein gehackt

1 Knoblauchzehe,
gepresst

1 roter Peperoncino,
entkernt, fein gehackt

300 g Auberginen, in ca. 1 cm
grossen Würfeln

200 g Zucchini, in ca. 1 cm
grossen Würfeln

200 g Tomaten, in ca. 1 cm
grossen Würfeln

1 Dose gehackte Tomaten
(ca. 400 g)

200 g saurer Halbrahm

2 EL Majoran,
fein geschnitten

1 TL Salz

---

2 Rollen Pastateig
(ca. 250 g), quer halbiert

4 EL geriebener Sbrinz

20 g Haselnüsse, halbiert

---

1. Öl in einer Pfanne warm werden lassen. Zwiebel, Knoblauch und Peperoncino andämpfen. Auberginen und Zucchini ca. 5 Min. mitdämpfen. Tomaten und alle Zutaten bis und mit Majoran daruntermischen, salzen.

2. 4 Esslöffel Gemüsesauce in der vorbereiteten Form verteilen. 1 Pastablatt darauflegen, ¼ Gemüsesauce darauf verteilen. Vorgang 3-mal wiederholen. Käse und Nüsse darüberstreuen.

3. **Backen:** ca. 30 Min. in der Mitte des auf 200 Grad vorgeheizten Ofens. Herausnehmen, ca. 5 Min. ruhen lassen.

Ergänzen mit: Blattsalat.

Portion: 468 kcal, F 23 g, Kh 50 g, E 15 g

> **Lässt sich vorbereiten**
Lasagne ca. 1 Tag im Voraus vorbereiten, zugedeckt im Kühlschrank aufbewahren.
Lasagne in kalten Ofen schieben, backen wie oben, die Backzeit verlängert sich um
5–10 Minuten.

ROMANESCO-PENNE

Vor- und zubereiten: ca. 25 Min.

300 g Teigwaren (z. B. Penne)
1 Romanesco (ca. 800 g), in Röschen
Salzwasser, siedend

2 EL Olivenöl
2 Knoblauchzehen, in Scheibchen
2 dl Saucen-Halbrahm
1 Bio-Zitrone, abgeriebene Schale und 1 EL Saft
½ TL Salz
wenig Pfeffer
3 EL Mandelstifte, geröstet
50 g geriebener Sbrinz

1. Teigwaren und Romanesco im Salzwasser kochen, bis die Teigwaren al dente sind, abtropfen.
2. Öl in derselben Pfanne warm werden lassen. Knoblauch andämpfen. Saucen-Halbrahm, Zitronenschale und -saft mit den Teigwaren und dem Romanesco beigeben, mischen, nur noch heiss werden lassen, würzen. Mandeln und Käse darüberstreuen.

Tipps

– Statt Romanesco Broccoli verwenden.
– Für mehr Schärfe 1 roter Peperoncino, in Ringen, entkernt, mit dem Knoblauch andämpfen.

Portion: 579 kcal, F 28 g, Kh 60 g, E 21 g

TOMATEN-KRAWÄTTLI

Vor- und zubereiten: ca. 30 Min.

300 g Teigwaren
(z. B. Krawättli)
Salzwasser, siedend
2 EL Olivenöl
1 Zwiebel, fein gehackt
2 EL Tomatenpüree
500 g Cherry-Tomaten, halbiert
200 g Doppelrahm-Frischkäse
(z. B. Philadelphia)
2 EL geriebener Parmesan
Salz, Pfeffer, nach Bedarf
einige Basilikumblätter, zerzupft
3 EL Pinienkerne, geröstet

1. Teigwaren im Salzwasser al dente kochen, ca. 2 dl Kochwasser beiseite stellen, Teigwaren abtropfen.

2. Öl in derselben Pfanne warm werden lassen. Zwiebel und Tomatenpüree andämpfen. Beiseite gestelltes Kochwasser dazugiessen, ca. 2 Min. kochen. Tomaten mit den Teigwaren beigeben, mischen, nur noch heiss werden lassen. Käse daruntermischen, würzen, Basilikum und Pinienkerne darüberstreuen.

Portion: 558 kcal, F 25 g, Kh 62 g, E 19 g

QUINOA-SALAT MIT AVOCADO

Vor- und zubereiten: ca. 35 Min.

1 EL Olivenöl
  1 Schalotte, fein gehackt
  1 Knoblauchzehe,
  gepresst
250 g Quinoa (z. B. Tricolore)
5 dl Gemüsebouillon

1 EL grobkörniger Senf
**2 EL Aceto balsamico
bianco**
3 EL Olivenöl
  1 Gurke, geschält,
  entkernt, in Würfeli
  ½ Melone (z. B. Charentais),
  in Würfeli
**250 g gelbe und rote Cherry-
Tomaten,** halbiert
2 EL Pfefferminze,
  fein geschnitten
  Salz, Pfeffer,
  nach Bedarf

360 g Joghurt nature
  1 Bio-Zitrone,
  nur abgeriebene Schale
1 EL Pfefferminze,
  fein geschnitten
  2 Prisen Salz
wenig Pfeffer
  1 Avocado, halbiert,
  in Scheiben

1. Öl in einer Pfanne warm werden lassen. Schalotte und Knoblauch andämpfen, Quinoa beigeben, kurz dünsten. Bouillon dazugiessen, aufkochen, zugedeckt bei kleiner Hitze ca. 15 Min. knapp weich köcheln.

2. Senf, Aceto und Öl in einer Schüssel verrühren. Gurke, Melone, Tomaten und Pfefferminze mit der Quinoa beigeben, mischen, würzen, anrichten.

3. Joghurt und alle Zutaten bis und mit Pfeffer verrühren, mit den Avocadoscheiben dazu servieren.

Portion: 533 kcal, F 27 g, Kh 54 g, E 16 g

TEIGWARENSAUCEN

TOMATEN-RAHMSAUCE

1 EL Olivenöl
1 Zwiebel, fein gehackt
1 EL Tomatenpüree
500 g Tomaten, in Stücken
1 Prise Zucker
¾ TL Salz
wenig Pfeffer
2 dl Vollrahm

Öl in einer Pfanne warm werden lassen. Zwiebel andämpfen, Tomatenpüree und Tomaten ca. 3 Min. mitdämpfen, würzen. Rahm dazugiessen, zugedeckt bei kleiner Hitze ca. 10 Min. köcheln.

Tipp

Statt frische Tomaten 1 Dose gehackte Tomaten (ca. 800 g) verwenden.

Portion: 678 kcal, F 35 g, Kh 64 g, E 28 g

RUCOLA-PESTO

50 g Rucola
1 Bund Basilikum
3 EL Pinienkerne
1 Knoblauchzehe
¾ TL Salz
50 g geriebener Sbrinz
1 dl Olivenöl

Rucola mit allen Zutaten bis und mit Salz pürieren. Käse daruntermischen, Öl nach und nach darunterrühren.

Tipp

Wenig Kochwasser der Teigwaren mit dem Pesto und den abgetropften heissen Teigwaren mischen.

Portion: 790 kcal, F 47 g, Kh 58 g, E 33 g

KALTE AVOCADOSAUCE

2 Avocados, in Stücken
2 dl Wasser
100 g saurer Halbrahm
2 EL Limettensaft
1 roter Chili, in Ringen, entkernt
¾ TL Salz
2 EL Schnittlauch, fein geschnitten

Die Hälfte der Avocadostücke mit allen Zutaten bis und mit Salz pürieren. Restliche Avocadostücke und Schnittlauch daruntermischen.

Tipp

Sauce mit den abgetropften heissen Teigwaren mischen.

Portion: 638 kcal, F 32 g, Kh 58 g, E 29 g

> **Ergänzen mit**
  – Jede Sauce passt zu 300 g Teigwaren (Rohgewicht).
  – Um diese Teigwarengerichte ausgewogen zu ergänzen, 100 g geriebenen Käse vor dem Servieren darüberstreuen und einen Blattsalat mit 200 g Hüttenkäse dazu servieren.

PITTABROT MIT FALAFEL

Vor- und zubereiten: ca. 40 Min.

---

4 Pittabrote

---

2 Dosen Kichererbsen
(je ca. 400 g), abgespült,
abgetropft

2 EL Olivenöl

200 g Rüebli, grob gerieben

50 g geriebener Sbrinz

2 Knoblauchzehen,
gepresst

2 EL Mehl

2 EL Pfefferminze,
fein geschnitten

¼ TL Kreuzkümmelpulver

½ TL Salz

wenig Pfeffer

---

2 EL Olivenöl

300 g griechisches Joghurt
nature

1 Gurke, geschält,
entkernt, fein gerieben

1 TL Zitronensaft

2 EL Pfefferminze,
fein geschnitten

½ TL Salz

wenig Pfeffer

---

einige Kopfsalatblätter

---

1. Brote nach Angabe auf der Verpackung aufbacken, abkühlen.

2. Kichererbsen mit dem Öl pürieren. Rüebli und alle Zutaten bis und mit Pfeffer daruntermischen, mit nassen Händen zu 12 Tätschli formen.

3. Wenig Öl in einer beschichteten Bratpfanne heiss werden lassen. Hitze reduzieren, Falafel-Tätschli portionenweise beidseitig je ca. 5 Min. braten, herausnehmen, warm stellen.

4. Joghurt, Gurke, Zitronensaft und Pfefferminze mischen, würzen.

5. Pittabrote einschneiden, mit Salat, wenig Gurken-joghurt und Falafel füllen. Restliche Falafel und Gurkenjoghurt dazu servieren.

Ergänzen mit: Kopfsalat.

Portion: 590 kcal, F 24 g, Kh 68 g, E 24 g

SPAGHETTI ALLE OTTO PI

Vor- und zubereiten: ca. 30 Min.

300 g	**Spaghetti**
	Salzwasser, siedend
2½ dl	**Halbrahm**
200 g	**tiefgekühlte Erbsli**
1	**Knoblauchzehe,** in Scheibchen
1	**roter Peperoncino,** entkernt, in Ringen
½ TL	**Salz**
	wenig Pfeffer
3 EL	**Tomatenpüree**
2 EL	**glattblättrige Petersilie,** fein geschnitten
50 g	**geriebener Parmesan**
4	**Tomaten,** in Würfeln

1. Spaghetti im Salzwasser al dente kochen, ca. 2 dl Kochwasser beiseite stellen, Teigwaren abtropfen.
2. Beiseite gestelltes Kochwasser mit Rahm, Erbsli, Knoblauch und Peperoncino in derselben Pfanne aufkochen, Hitze reduzieren, ca. 5 Min. köcheln, würzen. Tomatenpüree, Petersilie und Käse darunterrühren, Tomaten beigeben, ca. 5 Min. fertig köcheln. Spaghetti wieder beigeben, mischen, nur noch heiss werden lassen.

Ergänzen mit: Blattsalat.

Portion: 599 kcal, F 27 g, Kh 69 g, E 21 g

Hinweis: Der Klassiker Spaghetti alle cinque Pi bezieht sich auf die fünf Zutaten der Sauce: panna (Rahm), pepe (Pfeffer), purea di pomodoro (Tomatenpüree), prezzemolo (Petersilie) und parmigiano (Parmesan). In unserem Rezept haben wir noch drei Zutaten mit P hinzugefügt: piselli (Erbsli), pomodori (Tomaten) und Peperoncino.

TOMATENRISOTTO

Vor- und zubereiten: ca. 35 Min.

- 1 EL Olivenöl
- 1 Zwiebel, fein gehackt
- 1 Knoblauchzehe, gepresst
- 300 g Risottoreis (z. B. Carnaroli)
- 1 Dose gehackte Tomaten (ca. 400 g)
- 2 Zweiglein Thymian
- 8 dl Gemüsebouillon, heiss
- 250 g Cherry-Tomaten, halbiert
- 80 g geriebener Sbrinz
- 25 g Butter
- Salz, Pfeffer, nach Bedarf

1. Öl in einer Pfanne warm werden lassen. Zwiebel und Knoblauch andämpfen, Reis beigeben, unter Rühren dünsten, bis der Reis glasig ist. Gehackte Tomaten und Thymian beigeben. Bouillon unter häufigem Rühren nach und nach dazugiessen, sodass der Reis immer knapp mit Flüssigkeit bedeckt ist, ca. 20 Min. köcheln, bis der Reis cremig und al dente ist.

2. Tomaten, Käse und Butter daruntermischen, würzen.

Ergänzen mit: Blattsalat.

Portion: 495 kcal, F 18 g, Kh 68 g, E 15 g

GRIECHISCHER GEMÜSESALAT

Vor- und zubereiten: ca. 25 Min.

250 g fest kochende Kartoffeln, in ca. 1 cm grossen Würfeln

200 g Bohnen, evtl. halbiert

Salzwasser, siedend

3 EL Rotweinessig

3 EL Olivenöl

½ dl Gemüsebouillon

1 rote Zwiebel, fein gehackt

2 Knoblauchzehen, gepresst

1 Gurke, in Würfeln

1 rote Peperoni, in Stücken

12 entsteinte schwarze Oliven

300 g Feta, in Würfeln

3 EL Basilikum, grob geschnitten

Salz, Pfeffer, nach Bedarf

1. Kartoffeln mit den Bohnen im Salzwasser ca. 10 Min. knapp weich kochen, abtropfen.

2. Essig, Öl und Bouillon verrühren. Zwiebel und alle Zutaten bis und mit Basilikum beigeben, Kartoffeln und Bohnen daruntermischen, würzen.

Ergänzen mit: 300 g Bauernbrot.

Portion: 604 kcal, F 28 g, Kh 60 g, E 25 g

TOMATEN-KÄSE-WÄHE

Vor- und zubereiten: ca. 20 Min.
Backen: ca. 35 Min.
Für ein Backblech von ca. 30 cm Ø

1 ausgewallter Kuchenteig (ca. 32 cm Ø)
1 Tomate (ca. 150 g), in Stücken
250 g Magerquark
2 EL Tomatenpüree
1 Ei
150 g Bergkäse (z. B. Bündner), grob gerieben
100 g rezenter Gruyère, grob gerieben
1 EL Mehl
wenig Muskat
2 Prisen Salz
wenig Pfeffer
400 g Tomaten (z. B. Peretti), in ca. 5 mm dicken Scheiben
einige Basilikumblätter, zerzupft

1. Teig mit dem Backpapier ins Blech legen. Boden mit einer Gabel dicht einstechen, kühl stellen.

2. Tomate mit Quark, Tomatenpüree und Ei pürieren. Käse und alle Zutaten bis und mit Pfeffer daruntermischen, auf dem Teig verteilen. Tomaten darauflegen.

3. **Backen:** ca. 35 Min. auf der untersten Rille des auf 220 Grad vorgeheizten Ofens. Herausnehmen, Basilikum darauf verteilen.

Ergänzen mit: Blattsalat.

Portion: 636 kcal, F 39 g, Kh 40 g, E 33 g

> **Tipps**
  – Statt Kuchenteig Dinkel-Kuchenteig verwenden.
  – Für den Belag statt Tomaten 400 g Dattel- oder verschiedenfarbige Cherry-Tomaten, halbiert, verwenden.

KNUSPERBRÖTLI MIT TOMATENSALAT

Vor- und zubereiten: ca. 10 Min.
Backen: ca. 10 Min.

| 4 **Brötchen** (z. B. Pagnol, je ca. 100 g) |
| 250 g **Käsekuchen-Mischung** |
| 12 **entsteinte Oliven** |
| wenig **Edelsüss-Paprika** |
| wenig **Pfeffer** |
| 500 g **Tomaten,** in Schnitzen |
| 2 EL **Olivenöl** |
| 3 EL **Crema di Balsamico** |
| ½ TL **Fleur de Sel** |
| einige **Majoranblättchen** |

1. Brötchen oben einschneiden, auf ein mit Backpapier belegtes Blech legen. Käse und Oliven mithilfe eines Löffels in die Brötchen füllen.
2. **Backen:** ca. 10 Min. in der oberen Hälfte des auf 200 Grad vorgeheizten Ofens. Herausnehmen, würzen.
3. Tomaten und alle restlichen Zutaten mischen, zu den Brötchen servieren.

Portion: 644 kcal, F 32 g, Kh 60 g, E 28 g

LAUCH-KARTOFFEL-GRATIN

Vor- und zubereiten: ca. 35 Min.
Gratinieren: ca. 30 Min.
Für eine weite ofenfeste Form
von ca. 2 Litern, gefettet

- **4 dl Milch**
- **1 dl Vollrahm**
- **1 Knoblauchzehe,** gepresst
- **1 TL Salz**
- **wenig Pfeffer**
- **1 kg mehlig kochende Kartoffeln,** in ca. 2 mm dicke Scheiben gehobelt
- **500 g Lauch,** in feinen Streifen
- **2 EL Petersilie,** fein geschnitten
- **80 g geriebener Gruyère**

1. Milch und alle Zutaten bis und mit Lauch in einer weiten Pfanne mischen. Unter Rühren aufkochen, bei mittlerer Hitze unter gelegentlichem Rühren ca. 8 Min. kochen.
2. Petersilie daruntermischen, in der vorbereiteten Form verteilen, Käse darüberstreuen.
3. **Gratinieren:** ca. 30 Min. in der Mitte des auf 200 Grad vorgeheizten Ofens.

Ergänzen mit: Rüebli-, Randen- oder Blattsalat.

Portion: 477 kcal, F 23 g, Kh 48 g, E 16 g

KRAUTSTIEL-ORECCHIETTE MIT KÄSECHIPS

Vor- und zubereiten: ca. 35 Min.

60 g geriebener Sbrinz
1 EL Kürbiskerne, fein gehackt
1 EL Petersilie, fein geschnitten
300 g Teigwaren (z. B. Orecchiette)
Salzwasser, siedend
1 EL Olivenöl
1 Knoblauchzehe, gepresst
500 g farbiger Krautstiel, in feinen Streifen
1 dl Halbrahm
½ TL Salz
wenig Pfeffer
1 EL grobkörniger Senf

1. **Käsechips:** Käse, Kürbiskerne und Petersilie mischen. Eine beschichtete Bratpfanne warm werden lassen. Häufchen von je 1 Esslöffel Käsemasse in die Pfanne geben, portionenweise beidseitig je ca. 2 Min. goldgelb backen. Chips sorgfältig herausnehmen, auf einem Gitter auskühlen.

2. Teigwaren im Salzwasser al dente kochen, ca. 2 dl Kochwasser beiseite stellen, Teigwaren abtropfen.

3. Öl in derselben Pfanne warm werden lassen. Knoblauch und Krautstiel andämpfen. Rahm und beiseite gestelltes Kochwasser dazugiessen, zugedeckt ca. 10 Min. köcheln, würzen.

4. Senf mit den Teigwaren beigeben, mischen, nur noch heiss werden lassen. Käsechips dazu servieren.

Portion: 469 kcal, F 18 g, Kh 57 g, E 18 g

> **Tipps**
> – Käsechips ca. 2 Tage im Voraus zubereiten, in einer Dose gut verschlossen aufbewahren.
> – Die Käsechips zu einem Aperitif oder zu einer Suppe servieren.

RÜEBLI-FENCHEL-RISOTTO

Vor- und zubereiten: ca. 35 Min.

- **1 EL Butter**
- **1 Zwiebel,** fein gehackt
- **300 g Risottoreis** (z. B. Vialone Nano)
- **1 dl Weisswein**
- **200 g Rüebli,** in Würfeli
- **200 g Fenchel,** fein gehobelt
- **1 l Gemüsebouillon,** heiss
- **125 g Frischkäse mit Meerrettich**
- **50 g geriebener Parmesan**
- **Salz, Pfeffer,** nach Bedarf

1. Butter in einer Pfanne warm werden lassen. Zwiebel andämpfen, Reis beigeben, unter Rühren dünsten, bis der Reis glasig ist. Wein dazugiessen, vollständig einkochen. Rüebli und Fenchel beigeben, Bouillon unter häufigem Rühren nach und nach dazugiessen, sodass der Reis immer knapp mit Flüssigkeit bedeckt ist, ca. 20 Min. köcheln, bis der Reis cremig und al dente ist.
2. Käse daruntermischen, würzen.

Ergänzen mit: Blattsalat.

Portion: 507 kcal, F 20 g, Kh 68 g, E 14 g

KÜRBISWÄHE

Vor- und zubereiten: ca. 25 Min.
Backen: ca. 35 Min.
Für ein Backblech von ca. 30 cm Ø

1	**ausgewallter Dinkel-Kuchenteig** (ca. 32 cm Ø)
2 EL	**Paniermehl**
1 dl	**Milch**
250 g	**Halbfettquark**
3	**Eier**
1	**Bio-Zitrone,** nur abgeriebene Schale
1 EL	**Thymianblättchen**
¼ TL	**Cayennepfeffer**
1 TL	**Salz**
800 g	**Kürbis** (z. B. Butternut), grob gerieben
2 EL	**Kürbiskerne**

1. Teig mit dem Backpapier ins Blech legen. Boden mit einer Gabel dicht einstechen, Paniermehl darauf verteilen, kühl stellen.
2. Milch und alle Zutaten bis und mit Salz in einer Schüssel verrühren. Kürbis beigeben, mischen, auf dem Teig verteilen. Kürbiskerne darüberstreuen.
3. **Backen:** ca. 35 Min. auf der untersten Rille des auf 200 Grad vorgeheizten Ofens.

Ergänzen mit: Blattsalat.

Tipps

– Statt Kürbis Rüebli oder Zucchini verwenden.

– Statt Dinkel-Kuchenteig Kuchenteig verwenden.

Portion: 529 kcal, F 30 g, Kh 43 g, E 21 g

GEMÜSE-LINSEN-CURRY

Vor- und zubereiten: ca. 35 Min.

1 EL geröstetes Sesamöl

1 Zwiebel, in Schnitzen

1 Knoblauchzehe,
in Scheibchen

600 g Kürbis (z. B. Muscade),
in ca. 1 cm grossen
Würfeln

350 g tiefgekühlte Bohnen,
angetaut

2–3 EL rote Currypaste

6 dl Gemüsebouillon

2½ dl Kokosmilch

1 EL Limettensaft

2 Stängel Zitronengras,
gequetscht

½ EL Ingwer, fein gerieben

200 g rote Linsen

125 g Frischkäse nature (Bio)

einige Korianderblättchen,
zerzupft

2 EL Kokosraspel, geröstet

1. Öl im Wok oder in einer weiten Bratpfanne heiss werden lassen. Zwiebel, Knoblauch, Kürbis und Bohnen ca. 5 Min. rührbraten, Currypaste kurz mitrührbraten. Bouillon und alle Zutaten bis und mit Ingwer beigeben, aufkochen. Hitze reduzieren, zugedeckt bei kleiner Hitze ca. 10 Min. köcheln.

2. Linsen beigeben, ca. 8 Min. fertig köcheln. Zitronengras entfernen. Die Hälfte des Frischkäses daruntermischen, Curry anrichten, restlichen Frischkäse darauf verteilen, Koriander und Kokosraspel darüberstreuen.

Portion: 505 kcal, F 26 g, Kh 46 g, E 21 g

KAISERSCHMARRN MIT KIRSCHEN

Vor- und zubereiten: ca. 30 Min.
Quellen lassen: ca. 30 Min.

---

200 g Mehl
1 Päckli Vanillezucker
1 Prise Salz
2½ dl Milch
4 frische Eigelbe
4 frische Eiweisse
1 Prise Salz
3 EL Zucker
2 EL Bratbutter
400 g Kirschen, entsteint
wenig Puderzucker

---

1. Mehl, Vanillezucker und Salz in einer Schüssel mischen, in der Mitte eine Mulde eindrücken. Milch und Eigelbe verrühren, nach und nach unter Rühren mit dem Schwingbesen in die Mulde giessen, weiterrühren, bis der Teig glatt ist. Zugedeckt bei Raumtemperatur ca. 30 Min. quellen lassen.

2. Ofen auf 60 Grad vorheizen, Platte und Teller vorwärmen.

3. Eiweisse mit dem Salz steif schlagen. Zucker beigeben, weiterschlagen, bis der Eischnee glänzt, sorgfältig unter den Teig ziehen.

4. Wenig Bratbutter in einer beschichteten Bratpfanne heiss werden lassen. Hitze reduzieren, ein Drittel des Teigs und der Kirschen beigeben, ca. 2 Min. backen, bis sich die Unterseite löst und hellbraun ist. Teig mit zwei Bratschaufeln in vier Stücke teilen, sorgfältig wenden, ca. 1 Min. weiterbacken. Mit den Bratschaufeln zerzupfen, ca. 1 Min. fertig backen, herausnehmen, warm stellen. Mit dem restlichen Teig und den Kirschen gleich verfahren. Kaiserschmarrn mit Puderzucker bestäuben.

Ergänzen mit: Blattsalat.

Portion: 491 kcal, F 18 g, Kh 65 g, E 16 g

> **Saisontipp und Tipp zu süssem Znacht**
  – Statt Kirschen Aprikosen oder Zwetschgen, in Schnitzen, verwenden.
  – Zu einem süssen Znacht ist ein Blattsalat oder eine Bouillon mit Gemüsestreifen die ideale Ergänzung. Der Körper wir so mit genügend Vitalstoffen versorgt.

APFELWÄHE

Vor- und zubereiten: ca. 10 Min.
Backen: ca. 35 Min.
Für ein Backblech von ca. 30 cm Ø

1 ausgewallter Kuchenteig (ca. 32 cm Ø)
4 EL gemahlene Mandeln
1 EL Zucker
250 g Halbfettquark
2 Eier
3 EL Zucker
1 TL Zimt
800 g Äpfel (z. B. Boskoop)
2 EL dunkle Sultaninen, nach Belieben

1. Teig mit dem Backpapier ins Blech legen. Boden mit einer Gabel dicht einstechen, Mandeln und Zucker darauf verteilen.
2. Quark, Eier, Zucker und Zimt verrühren. Äpfel an der Röstiraffel dazureiben. Sultaninen daruntermischen, auf dem Teig verteilen.
3. **Backen:** ca. 35 Min. auf der untersten Rille des auf 220 Grad vorgeheizten Ofens.

Ergänzen mit: Blattsalat.

Tipp: Statt Äpfel Birnen verwenden.

Portion: 597 kcal, F 28 g, Kh 70 g, E 16 g

ZWETSCHGEN-BROT-AUFLAUF

Vor- und zubereiten: ca. 10 Min.
Backen: ca. 35 Min.
Für eine weite ofenfeste Form
von ca. 2 Litern, gefettet

700 g	**Zwetschgen,** in Vierteln
2 EL	**Rohzucker**
1 TL	**Zimt**
320 g	**Brot vom Vortag** (z. B. Tessiner), in Scheiben
50 g	**Butter,** weich
2 dl	**Milch**
250 g	**Halbfettquark**
2	**frische Eier**
2 EL	**Rohzucker**
1	**Prise Salz**
	wenig **Puderzucker**

1. Zwetschgen, Rohzucker und Zimt in die vorbereitete Form geben, mischen.
2. **Backen:** ca. 15 Min. in der unteren Hälfte des auf 180 Grad vorgeheizten Ofens. Herausnehmen.
3. Brotscheiben beidseitig mit Butter bestreichen, halbieren, ziegelartig in die Zwetschgen stellen.
4. Milch und alle Zutaten bis und mit Salz verrühren, über die Brotscheiben giessen.
5. **Fertig backen:** ca. 20 Min. Herausnehmen, mit Puderzucker bestäuben.

Ergänzen mit: Blattsalat.

Tipp: Statt Zwetschgen Aprikosen oder Nektarinen, in Schnitzen, verwenden.

Portion: 584 kcal, F 26 g, Kh 70 g, E 18 g

FISCH
UND
FLEISCH

RAHMSCHNITZEL MIT RÜEBLI

Vor- und zubereiten: ca. 40 Min.

2 EL Mehl
¼ TL Edelsüss-Paprika
¾ TL Salz

2 EL Olivenöl
8 Schweinsplätzli
(z. B. Nierstück, je ca. 60 g)

1 Schalotte, fein gerieben
(siehe Tipp)

1 Knoblauchzehe,
fein gerieben (siehe Tipp)

500 g Rüebli, in feinen
Scheiben

250 g Champignons,
in Vierteln

1 Bio-Zitrone, wenig
abgeriebene Schale und
1 EL Saft

2 dl Gemüsebouillon

2 dl Saucen-Halbrahm

Salz, Pfeffer,
nach Bedarf

2 EL Schnittlauch,
fein geschnitten

300 g Teigwaren
(z. B. Tagliatelle)

Salzwasser, siedend

1. Mehl, Paprika und Salz in einem flachen Teller mischen.

2. Wenig Öl in einer Bratpfanne heiss werden lassen. Plätzli portionenweise im Gewürzmehl wenden, überschüssiges Mehl abschütteln, beidseitig je ca. 2 Min. braten, herausnehmen, zugedeckt beiseite stellen. Bratfett auftupfen, evtl. wenig Öl beigeben.

3. Schalotte und Knoblauch andämpfen, Rüebli und Champignons kurz mitdämpfen. Zitronenschale und -saft beigeben. Bouillon und Saucen-Halbrahm dazugiessen, aufkochen, Hitze reduzieren, ca. 10 Min. köcheln. Plätzli mit dem entstandenen Fleischsaft wieder beigeben, nur noch heiss werden lassen. Sauce würzen, Schnittlauch beigeben.

4. Teigwaren im Salzwasser al dente kochen, abtropfen, mit den Rahmschnitzeln anrichten.

Portion: 679 kcal, F 27 g, Kh 67 g, E 42 g

> **Tipp**
> Für alle grossen und kleinen Feinschmecker: Zwiebeln, Schalotten und Knoblauch sehr fein reiben. So verbinden sich diese Zutaten mit dem Gemüse, binden die Sauce und geben dem Gericht eine feine harmonische Note.

PAPRIKAGESCHNETZELTES MIT POLENTA

Vor- und zubereiten: ca. 35 Min.
Schmoren: ca. 30 Min.

2 EL Olivenöl

500 g geschnetzeltes
Rindfleisch

1 EL Edelsüss-Paprika

½ TL Salz

1 Zwiebel, fein gehackt

250 g Pilze (z. B. Champignons,
Kräuterseitlinge, Austern-
pilze), längs halbiert oder
geviertelt

2 rote Peperoni,
in Stücken

1 EL Mehl

1 EL Tomatenpüree

3 dl Fleischbouillon

Salz, Pfeffer,
nach Bedarf

1 EL Olivenöl

1 Zwiebel, fein gehackt

1 Knoblauchzehe,
gepresst

1 l Gemüsebouillon

250 g mittelfeiner Maisgriess
(4 Min.)

50 g geriebener Gruyère

Salz, Pfeffer,
nach Bedarf

100 g saurer Halbrahm

1. Wenig Öl im Brattopf heiss werden lassen. Fleisch portionenweise je ca. 2 Min. anbraten, herausnehmen, würzen. Bratfett auftupfen, evtl. wenig Öl beigeben.

2. Zwiebel andämpfen, Pilze und Peperoni kurz mitdämpfen. Mehl und Tomatenpüree beigeben, kurz mitdämpfen. Bouillon dazugiessen, aufkochen, Hitze reduzieren, Fleisch wieder beigeben, zugedeckt bei kleiner Hitze ca. 30 Min. schmoren, würzen.

3. **Polenta:** Öl in einer Pfanne warm werden lassen. Zwiebel und Knoblauch andämpfen. Bouillon dazugiessen, aufkochen. Maisgriess einrühren, unter Rühren bei mittlerer Hitze ca. 4 Min. zu einem dickflüssigen Brei köcheln. Käse daruntermischen, würzen. Polenta mit dem Geschnetzelten anrichten, sauren Halbrahm darauf verteilen.

Portion: 590 kcal, F 22 g, Kh 58 g, E 41 g

PILAW MIT HACKFLEISCH

Vor- und zubereiten: ca. 40 Min.

2 EL	**Olivenöl**
500 g	**Hackfleisch** (Rind und Schwein)
½ TL	**Paprika**
½ TL	**Salz**
200 g	**Lauch,** in feinen Streifen
200 g	**Sellerie,** in Würfeli
2	**Rüebli,** in Scheibchen
250 g	**Langkornreis** (z. B. Parboiled)
6 dl	**Gemüsebouillon**
50 g	**gesalzene Erdnüsse**
2 EL	**Petersilie,** fein geschnitten
	Salz, nach Bedarf

1. Wenig Öl in einer weiten beschichteten Bratpfanne heiss werden lassen. Fleisch portionenweise je ca. 4 Min. anbraten, herausnehmen, würzen. Bratfett auftupfen, evtl. wenig Öl beigeben.

2. Lauch, Sellerie und Rüebli ca. 2 Min. andämpfen. Reis beigeben, kurz dünsten. Bouillon dazugiessen, aufkochen, Hitze reduzieren, Fleisch wieder beigeben, zugedeckt bei kleiner Hitze ca. 20 Min. köcheln. Nüsse und Petersilie daruntermischen, salzen.

Tipp: Für mehr Schärfe Sambal Oelek oder Harissa dazu servieren.

Portion: 621 kcal, F 30 g, Kh 56 g, E 33 g

POULETFLÜGELI VOM BLECH

Vor- und zubereiten: ca. 15 Min.
Backen: ca. 35 Min.

800 g Süsskartoffeln, in ca. 1½ cm dicken Schnitzen

800 g Kürbis (z. B. Muscade), in ca. 1½ cm dicken Scheiben

2 EL Olivenöl

½ TL Edelsüss-Paprika

¾ TL Salz

1 Knoblauch, ungeschält, quer halbiert

1 kg Pouletflügeli

1 EL Olivenöl

1 TL Edelsüss-Paprika

1 TL Salz

20 g Mandeln

1. Kartoffeln und alle Zutaten bis und mit Salz in einer Schüssel mischen, auf einem mit Backpapier belegten Blech verteilen. Knoblauch darauflegen.
2. Pouletflügeli und alle restlichen Zutaten in derselben Schüssel mischen, auf den Süsskartoffeln und dem Kürbis verteilen.
3. **Backen:** ca. 35 Min. in der Mitte des auf 220 Grad vorgeheizten Ofens.

Tipps

– Knoblauchzehen aus der Schale lösen, die Hälfte davon mit dem Gemüse mischen. Restliche zerdrücken, mit Joghurt mischen, als Knoblauch-Dip servieren.

– Statt Süsskartoffeln und Kürbis fest kochende Kartoffeln und 2 Auberginen, in Stücken, verwenden.

Portion: 446 kcal, F 17 g, Kh 42 g, E 31 g

BRÄTKÜGELI MIT KARTOFFELSTOCK

Vor- und zubereiten: ca. 40 Min.

**800 g mehlig kochende
Kartoffeln,** in Stücken

Salzwasser, siedend

2 dl Milch

1 EL Butter

wenig Muskat

Salz, Pfeffer,
nach Bedarf

2 EL Olivenöl

400 g Brätkügeli

1 Zwiebel, fein gehackt

400 g tiefgekühlte Erbsli,
angetaut

2 dl Fleischbouillon

1 dl Saucen-Halbrahm

Salz, Pfeffer,
nach Bedarf

3 EL Schnittlauch,
fein geschnitten

1. Kartoffeln offen im Salzwasser ca. 20 Min. weich kochen, sehr gut abtropfen. Milch in derselben Pfanne heiss werden lassen, Butter beigeben, Pfanne von der Platte nehmen. Kartoffeln durchs Passe-vite in die Milch treiben, mit einer Kelle luftig rühren, würzen, zugedeckt beiseite stellen.

2. Wenig Öl in einer beschichteten Bratpfanne heiss werden lassen. Brätkügeli ca. 3 Min. anbraten, herausnehmen. Evtl. wenig Öl in dieselbe Pfanne geben.

3. Zwiebel und Erbsli andämpfen. Bouillon und Saucen-Halbrahm dazugiessen, aufkochen, Hitze reduzieren, ca. 5 Min. köcheln. Brätkügeli wieder beigeben, heiss werden lassen, würzen. Kartoffelstock auf Teller geben, Seeli eindrücken, Brätkügeli darin anrichten, Schnittlauch darüberstreuen.

Portion: 591 kcal, F 35 g, Kh 43 g, E 24 g

MEDITERRANER FLEISCHKÄSE

Vor- und zubereiten: ca. 25 Min.
Backen: ca. 1 Std.
Für eine Cakeform von ca. 20 cm,
mit Backpapier ausgelegt,
und eine weite ofenfeste Form
von ca. 2 Litern, gefettet

---

400 g Brät
    1 rote Peperoni, in Würfeli
¼ TL Cayennepfeffer
    4 Zweiglein Rosmarin

---

1 Dose Kichererbsen (ca. 400 g),
    abgespült, abgetropft
    2 Zucchini, in Stücken
    1 Aubergine, in Stücken
    1 Zwiebel, fein gehackt
    4 EL geriebener Parmesan
    1 EL Rosmarin,
      fein geschnitten
    2 EL Olivenöl
    ¾ TL Salz
wenig Pfeffer

---

    2 EL Aceto balsamico

---

1. Brät, Peperoni und Cayennepfeffer mischen, in die vorbereitete Cakeform geben, glatt streichen. Rosmarinzweiglein hineinstecken, Form auf ein Backblech stellen.

2. Kichererbsen in die vorbereitete weite Form geben, diese neben die Cakeform auf das Backblech stellen. Zucchini und alle Zutaten bis und mit Pfeffer mischen, auf den Kichererbsen verteilen.

3. **Backen:** ca. 1 Std. in der Mitte des auf 180 Grad vorgeheizten Ofens. Herausnehmen, Aceto über das Gemüse träufeln, mischen. Fleischkäse aus der Form nehmen, in Tranchen schneiden, mit dem Gemüse anrichten.

Dazu passt: Senf.

Portion: 473 kcal, F 35 g, Kh 19 g, E 22 g

> **Gut zu wissen**
> Kichererbsen bilden eine eigene Gattung und sind nicht mit den Erbsen verwandt. Wegen ihres angenehm nussigen Aromas und ihrer samtigen Konsistenz sind sie bei Gross und Klein sehr beliebt.

ZANDERFILETS MIT MANDELBUTTER

Vor- und zubereiten: ca. 35 Min.

800 g fest kochende Kartoffeln, in ca. 2 cm grossen Stücken

Salzwasser, siedend

700 g Broccoli, in Röschen, Strunk geschält, in ca. 5 mm dicken Scheiben

20 g Butter

wenig Muskat

Salz, Pfeffer, nach Bedarf

500 g Zanderfilets ohne Haut

¾ TL Salz

wenig Pfeffer

2 EL Mehl

2 EL Olivenöl

40 g Butter

4 EL Mandelblättchen

3 EL Petersilie, fein geschnitten

1 Bio-Zitrone, in Schnitzen

1. Ofen auf 60 Grad vorheizen, Platte und Teller vorwärmen.

2. Kartoffeln offen im Salzwasser ca. 5 Min. kochen. Broccoli beigeben, ca. 5 Min. fertig kochen, bis die Kartoffeln weich sind. Kartoffeln und Broccoli abtropfen, zurück in die Pfanne geben. Butter beigeben, würzen, warm stellen.

3. Allfällige Gräten mit der Pinzette aus den Fischfilets entfernen, diese in ca. 5 cm grosse Stücke schneiden, würzen. Mehl in einen flachen Teller geben.

4. Wenig Öl in einer beschichteten Bratpfanne heiss werden lassen. Fischfilets portionenweise im Mehl wenden, überschüssiges Mehl abschütteln, beidseitig je ca. 2 Min. braten, herausnehmen, warm stellen.

5. Butter und Mandeln in derselben Pfanne warm werden lassen, bis die Butter schäumt und leicht nussig riecht, Petersilie daruntermischen. Fischfilets anrichten, Mandelbutter darauf verteilen, Kartoffeln, Broccoli und Zitronenschnitze dazu servieren.

Portion: 505 kcal, F 24 g, Kh 34 g, E 35 g

POULET-CORDONS-BLEUS MIT PFIFF

Vor- und zubereiten: ca. 35 Min.
Backen: ca. 30 Min.

**800 g fest kochende
Kartoffeln,** in ca. 2 cm
grosse Stücken

700 g Blumenkohl,
in Röschen

2 EL Olivenöl

1 TL Salz

wenig Pfeffer

---

4 Pouletbrüstli
(je ca. 150 g), seitlich je
eine Tasche zum Füllen
eingeschnitten

**8 mit Frischkäse
gefüllte Peperoncini**
(Cornetti rossi)

---

2 EL Mehl

1 Ei

80 g Paniermehl

½ TL Salz

---

3 EL Bratbutter

2 EL Petersilie,
fein geschnitten

1 Bio-Zitrone,
in Schnitzen

---

1. Kartoffeln und alle Zutaten bis und mit Pfeffer
   in einer Schüssel mischen, auf einem mit Backpapier belegten Blech verteilen.

2. **Backen:** ca. 30 Min. in der Mitte des auf
   200 Grad vorgeheizten Ofens.

3. Pouletbrüstli mit je 2 Peperoncini füllen, mit
   Zahnstochern verschliessen.

4. Mehl in einen flachen Teller geben. Ei in einem
   tiefen Teller verklopfen, Paniermehl in einen
   flachen Teller geben. Pouletbrüstli salzen, portionenweise im Mehl wenden, überschüssiges
   Mehl abschütteln, im Ei, dann im Paniermehl
   wenden, Panade gut andrücken.

5. Bratbutter in einer weiten beschichteten Bratpfanne heiss werden lassen. Hitze reduzieren, Cordons bleus bei mittlerer Hitze beidseitig je
   ca. 5 Min. braten, herausnehmen, auf Haushalt-
   papier abtropfen. Cordons bleus mit dem
   Ofengemüse anrichten, Petersilie darüberstreuen,
   Zitronenschnitze dazu servieren.

Portion: 743 kcal, F 36 g, Kh 52 g, E 50 g

> **Tipps**
> – Statt mit Frischkäse gefüllte Peperoncini je 1 Esslöffel Frischkäse und 1 Stück rote
>   Peperoni in die Pouletbrüstli füllen.
> – Für eine besonders knusprige Kruste die Cordons bleus beim Braten mithilfe eines Löffels
>   mit heisser Bratbutter übergiessen.

COUNTRY-CERVELATS

Vor- und zubereiten: ca. 15 Min.
Backen: ca. 30 Min.

- **800 g fest kochende Kartoffeln,** in Schnitzen
- **2 EL Olivenöl**
- **½ TL Edelsüss-Paprika**
- **1 TL Salz**
- **4 Cervelats,** halbiert, eingeschnitten
- **180 g Joghurt nature**
- **1 EL Olivenöl**
- **½ TL Salz**
- **wenig Pfeffer**
- **2 Gurken,** in ca. 2 mm dicken Scheiben
- **2 EL Dill,** fein geschnitten

1. Kartoffeln, Öl, Paprika und Salz in einer Schüssel mischen, auf einem mit Backpapier belegten Blech verteilen.
2. **Backen:** ca. 15 Min. in der Mitte des auf 200 Grad vorgeheizten Ofens. Herausnehmen, Cervelats auf die Kartoffeln legen.
3. **Fertig backen:** ca. 15 Min.
4. Joghurt und Öl verrühren, würzen. Gurken und Dill daruntermischen, zu den Kartoffeln und den Cervelats servieren.

Dazu passen: Senf und Ketchup.

Portion: 483 kcal, F 30 g, Kh 32 g, E 19 g

LACHS AUF BLATTSPINAT

Vor- und zubereiten: ca. 20 Min.
Backen: ca. 30 Min.

- **800 g fest kochende Kartoffeln,** in ca. 4 mm dicken Scheiben
- **1 Zwiebel,** in Schnitzchen
- **1 EL Olivenöl**
- **½ TL Salz**

- **500 g Jungspinat**
- **1 dl Vollrahm**
- **½ TL Salz**
- **wenig Pfeffer**

- **4 Lachsfilets ohne Haut** (je ca. 120 g)
- **¾ TL Salz**
- **wenig Pfeffer**

1. Kartoffeln, Zwiebel, Öl und Salz in einer Schüssel mischen, auf einem mit Backpapier belegten Blech verteilen.

2. **Backen:** ca. 15 Min. in der Mitte des auf 200 Grad vorgeheizten Ofens. Herausnehmen, Spinat darauf verteilen, Rahm darübergiessen, würzen. Lachsfilets würzen, auf den Spinat legen.

3. **Fertig backen:** ca. 15 Min.

Portion: 510 kcal, F 29 g, Kh 29 g, E 30 g

HACKTÄTSCHLI MIT ZUCCHINISALAT

Vor- und zubereiten: ca. 40 Min.

1 EL Olivenöl
400 g Zucchini, grob gerieben
½ TL Salz
wenig Pfeffer

1 EL grobkörniger Senf
2 EL Weissweinessig
1 EL Olivenöl
150 g Halbfettquark
2 EL Basilikum,
fein geschnitten

500 g Hackfleisch
(Rind und Schwein)
200 g Zucchini, grob gerieben
1 Zwiebel, fein gehackt
1 Knoblauchzehe,
gepresst
1 Ei
50 g Weissbrot (z. B. 1 Weggli),
zerzupft
3 EL geriebener Sbrinz
¼ TL Cayennepfeffer
1 TL Salz

2 EL Olivenöl

1. Öl in einer beschichteten Bratpfanne heiss werden lassen. Zucchini ca. 2 Min. rührbraten, Pfanne von der Platte nehmen, würzen, etwas abkühlen.

2. Senf, Essig, Öl, Quark und Basilikum verrühren, Zucchini beigeben, mischen.

3. Ofen auf 60 Grad vorheizen, Platte und Teller vorwärmen.

4. Fleisch und alle Zutaten bis und mit Salz in einer Schüssel mischen, gut kneten, bis sich die Zutaten zu einer kompakten Masse verbinden, die nicht mehr an den Händen klebt. Masse mit nassen Händen in 12 Portionen teilen, zu 12 Tätschli formen.

5. Wenig Öl in einer beschichteten Bratpfanne heiss werden lassen. Tätschli portionenweise bei mittlerer Hitze beidseitig je ca. 4 Min. braten, herausnehmen, warm stellen. Hacktätschli mit dem lauwarmen Zucchinisalat anrichten.

Ergänzen mit: 200 g Baguette.

Portion: 636 kcal, F 35 g, Kh 40 g, E 40 g

> **Tipps**
  – Statt gemischtes Hackfleisch (Rind und Schwein) nur Poulet-Hackfleisch verwenden.
  – Statt Zucchini Rüebli verwenden (für Salat und Tätschli).
  – Vor dem Mischen der Sauce mit den Zucchini 4 Esslöffel Sauce beiseite stellen, zu den Tätschli servieren.

TEIGWARENSAUCEN

THONSAUCE

1 EL Olivenöl

3 Bundzwiebeln mit dem Grün, in Ringen

2 Dosen Thon in Salzwasser (MSC, je ca. 200 g), abgetropft

1 Bio-Zitrone, nur abgeriebene Schale

2 dl Gemüsebouillon oder Kochwasser der Teigwaren

Salz, Pfeffer, nach Bedarf

Öl in einer Pfanne warm werden lassen. Bundzwiebeln andämpfen, Thon, Zitronenschale und Bouillon beigeben, aufkochen. Die Hälfte der Sauce pürieren, zurück in die Pfanne geben, heiss werden lassen, würzen.

Tipp

Für mehr Schärfe 1 roter Chili, entkernt, fein gehackt, mit den Bundzwiebeln andämpfen.

Portion: 525 kcal, F 15 g, Kh 58 g, E 40 g

SCHINKEN-RADIESLI-SAUCE

1 EL Olivenöl

200 g Hinterschinken, in Würfeli

1 Bund Radiesli, in Schnitzchen

1 dl Gemüsebouillon oder Kochwasser der Teigwaren

125 g Frischkäse nature (Bio)

Salz, nach Bedarf

2 EL Schnittlauch, fein geschnitten

Öl in einer beschichteten Bratpfanne heiss werden lassen. Hitze reduzieren, Schinken ca. 5 Min. anbraten, Radiesli ca. 2 Min. mitbraten. Bouillon und Frischkäse beigeben, heiss werden lassen, salzen. Schnittlauch darüberstreuen.

Portion: 558 kcal, F 23 g, Kh 56 g, E 31 g

WIENERLI-TOMATEN-SAUCE

1 EL Olivenöl

4 Wienerli, in Rugeli

600 g Tomaten, in Würfeli

1 dl Gemüsebouillon oder Kochwasser der Teigwaren

2 EL milder Senf

Salz, Pfeffer, nach Bedarf

1. Öl in einer beschichteten Bratpfanne heiss werden lassen. Wienerli ca. 5 Min. anbraten, herausnehmen.

2. Tomaten in derselben Pfanne andämpfen, Bouillon dazugiessen, aufkochen. Wienerli wieder beigeben, heiss werden lassen, Senf daruntermischen, würzen.

Portion: 579 kcal, F 25 g, Kh 60 g, E 28 g

> **Ergänzen mit**
> – Jede Sauce passt zu 300 g Teigwaren (Rohgewicht).
> – Um diese Teigwarengerichte ausgewogen zu ergänzen, 100 g geriebenen Käse und einen Blattsalat dazu servieren.

GNOCCHI-WURST-GRATIN

Vor- und zubereiten: ca. 20 Min.
Backen: ca. 30 Min.
Für eine weite ofenfeste Form
von ca. 2 Litern, gefettet

- **1 kg grüne Spargeln,** unteres Drittel geschält, in ca. 5 mm dicken Scheiben
- **550 g Gnocchi** (z. B. Gnocchi di patate)
- **1 dl Gemüsebouillon**
- **1 dl Saucen-Halbrahm**
- **50 g geriebener Sbrinz**
- **2 Kalbsbratwürste**
- **3 Bundzwiebeln mit dem Grün,** in feinen Ringen
- **2 EL geriebener Sbrinz**

1. Spargeln in die vorbereitete Form geben. Gnocchi darauf verteilen. Bouillon, Saucen-Halbrahm und Käse verrühren, darübergiessen.
2. Bratwürste, Bundzwiebeln und Käse darauf verteilen.
3. **Backen:** ca. 30 Min. in der unteren Hälfte des auf 200 Grad vorgeheizten Ofens.

Tipp: Statt Spargeln 1 Broccoli (ca. 700 g), in Röschen, verwenden.

Portion: 883 kcal, F 54 g, Kh 47 g, E 47 g

APFEL-SCHINKEN-TOAST

Vor- und zubereiten: ca. 15 Min.
Backen: ca. 8 Min.

- **8 Scheiben Toastbrot**
- **4 EL Weisswein** oder Milch
- **2 EL milder Senf**
- **20 g Nüsslisalat**
- **150 g Hinterschinken in Tranchen,** halbiert
- **2 Äpfel,** Kerngehäuse entfernt, in ca. 1 cm dicken Ringen
- **200 g Gruyère,** in Scheiben
- **40 g Baumnusskerne,** grob gehackt
- **wenig Pfeffer**

1. Brotscheiben auf ein mit Backpapier belegtes Blech legen, Wein darüberträufeln, mit Senf bestreichen. Nüsslisalat, Schinken, Apfelringe und Käse darauf verteilen, Nüsse darüberstreuen.

2. **Backen:** ca. 8 Min. in der oberen Hälfte des auf 220 Grad vorgeheizten Ofens. Herausnehmen, würzen.

Ergänzen mit: Nüssli- oder Blattsalat.

Portion: 536 kcal, F 30 g, Kh 36 g, E 29 g

FAJITAS DE POLLO

Vor- und zubereiten: ca. 35 Min.

1 **Avocado,** in Stücken

1 **Knoblauchzehe,**
gepresst

2 **EL Limettensaft**

½ **TL Salz**

2 **EL Olivenöl**

400 g **geschnetzeltes Pouletfleisch**

½ **TL Salz**

wenig **Pfeffer**

1 **Zwiebel,** in feinen Streifen

500 g **Zucchini,** längs halbiert, in feinen Scheiben

½ **TL Salz**

wenig **Pfeffer**

16 **Mini-Weizentortillas**

2 **Tomaten,** in Würfeln

150 g **Eisbergsalat,** in feinen Streifen

80 g **milder Tilsiter,**
grob gerieben

1. **Guacamole:** Avocado mit einer Gabel zerdrücken, mit Knoblauch, Limettensaft und Salz mischen.

2. Wenig Öl in einer beschichteten Bratpfanne heiss werden lassen. Poulet portionenweise je ca. 3 Min. braten, herausnehmen, würzen. Evtl. wenig Öl beigeben.

3. Zwiebel und Zucchini ca. 5 Min. rührbraten, würzen. Poulet wieder beigeben, nur noch heiss werden lassen.

4. Tortillas nach Angabe auf der Verpackung aufbacken. Tortillas mit Guacamole, Poulet, Tomaten, Salat und Käse belegen, aufrollen.

Ergänzen mit: Blattsalat.

Portion: 726 kcal, F 32 g, Kh 68 g, E 42 g

> **Tipps**
  – Tortillas, Poulet, Gemüse, Sauce und Käse separat auf den Tisch stellen. So kann jeder seine eigene Tortilla nach Belieben belegen, aufrollen und seine Fajita geniessen.
  – Für mehr Schärfe 1 roten Chili, entkernt, fein gehackt, Tabasco oder Sambal Oelek dazu servieren.

FISCHKNUSPERLI MIT RÜEBLISALAT

Vor- und zubereiten: ca. 35 Min.
Backen: ca. 35 Min.

½ EL Senf
1 **Bio-Orange,** wenig abgeriebene Schale, ganzer Saft
1 EL Rapsöl
¼ TL Salz
wenig Pfeffer
500 g **Rüebli,** grob gerieben
800 g **fest kochende Kartoffeln,** in Schnitzen
1 EL Olivenöl
1 TL Salz
1 EL Thymianblättchen
400 g **Eglifilets**
¾ TL Salz
wenig Pfeffer
2 EL Mehl
2 Eier
100 g **Cornflakes**
150 g **griechisches Joghurt** nature
½ EL Senf
1 Prise Salz

1. **Rüeblisalat:** Senf und alle Zutaten bis und mit Pfeffer verrühren. Rüebli beigeben, mischen, beiseite stellen.

2. Kartoffeln, Öl, Salz und Thymian in einer Schüssel mischen, auf der einen Hälfte eines mit Backpapier belegten Blechs verteilen.

3. **Backen:** ca. 20 Min. in der Mitte des auf 200 Grad vorgeheizten Ofens.

4. Allfällige Gräten mit einer Pinzette aus den Fischfilets entfernen, würzen. Mehl in einen flachen Teller geben. Eier in einem tiefen Teller verklopfen. Cornflakes in einer Schüssel grob zerdrücken. Fischfilets portionenweise im Mehl wenden, überschüssiges Mehl abschütteln, im Ei, dann in den Cornflakes wenden, Panade leicht andrücken. Kartoffeln aus dem Ofen nehmen, Fischfilets daneben auf das Blech legen.

5. **Fertig backen:** ca. 15 Min. Herausnehmen. Joghurt und Senf verrühren, salzen. Dip zu den Fischknusperli und den Kartoffelschnitzen, Rüeblisalat separat dazu servieren.

Tipp: Statt Egli- Felchenfilets, in ca. 5 cm grossen Stücken, verwenden.

Portion: 501 kcal, F 14 g, Kh 61 g, E 29 g

LAUCHNUDELN MIT LACHS

Vor- und zubereiten: ca. 20 Min.

- **300 g Teigwaren** (z. B. Nudeln)
- **Salzwasser,** siedend
- **500 g Lauch,** in feinen Streifen
- **1 dl Vollrahm**
- **50 g geriebener Sbrinz**
- **1 Bio-Zitrone,** nur abgeriebene Schale
- **Salz, Pfeffer,** nach Bedarf
- **100 g geräucherter Lachs** in Tranchen
- **3 EL Dill,** fein geschnitten

1. Teigwaren ca. 5 Min. kochen. Lauch beigeben, Teigwaren al dente kochen, ca. 2 dl Kochwasser beiseite stellen. Teigwaren mit dem Lauch abtropfen, zurück in die Pfanne geben.

2. Beiseite gestelltes Kochwasser, Rahm, Käse und Zitronenschale unter die Teigwaren mischen, nur noch heiss werden lassen, würzen, anrichten. Lachs in Stücke zupfen, mit dem Dill darauf verteilen.

Ergänzen mit: Blattsalat.

Portion: 514 kcal, F 21 g, Kh 60 g, E 23 g

RÜEBLI-HACKFLEISCH-LASAGNE

Vor- und zubereiten: ca. 25 Min.
Backen: ca. 35 Min.
Für eine weite ofenfeste Form
von ca. 2 Litern, gefettet

1 EL	Olivenöl
300 g	Hackfleisch (Rind und Schwein)
½ TL	Salz
1	**Zwiebel,** fein gehackt
2	**Knoblauchzehen,** gepresst
700 g	**Rüebli,** fein gehobelt
4 dl	Fleischbouillon
3 EL	**Petersilie,** fein geschnitten
12	Lasagne-Blätter
2 dl	Saucen-Halbrahm
4 EL	geriebener Sbrinz

1. Öl in einer beschichteten Bratpfanne heiss werden lassen. Fleisch ca. 4 Min. anbraten, herausnehmen, salzen.

2. Zwiebel, Knoblauch und Rüebli in derselben Pfanne ca. 5 Min. andämpfen. Bouillon dazugiessen, aufkochen, Hitze reduzieren. Fleisch wieder beigeben, ca. 2 Min. köcheln, Petersilie daruntermischen.

3. 4 Esslöffel Rüeblisauce in der vorbereiteten Form verteilen. 4 Lasagne-Blätter darauflegen, ⅓ Sauce und ⅓ Saucen-Halbrahm darauf verteilen. Vorgang 2-mal wiederholen. Käse darüberstreuen.

4. **Backen:** ca. 35 Min. in der Mitte des auf 200 Grad vorgeheizten Ofens. Herausnehmen, ca. 5 Min. ruhen lassen.

Ergänzen mit: Blattsalat.

Portion: 594 kcal, F 32 g, Kh 50 g, E 27 g

VITAMINKICK IM WINTER

APFEL-RANDEN-SUPPE

Vor- und zubereiten: ca. 20 Min.
Ergibt ca. 8 dl

1 EL Butter	
400 g gekochte Randen, in Stücken	
1 säuerlicher Apfel, in Scheibchen	
5 dl Gemüsebouillon	
Salz, Pfeffer, nach Bedarf	
4 EL saurer Halbrahm	

Butter in einer Pfanne warm werden lassen. Randen und Apfel andämpfen, Bouillon dazugiessen, aufkochen, zugedeckt bei kleiner Hitze ca. 10 Min. köcheln. Suppe im Mixglas pürieren, würzen. Sauren Halbrahm darauf verteilen.

Portion: 111 kcal, F 6 g, Kh 14 g, E 2 g

GREEN POWER

Vor- und zubereiten: ca. 5 Min.
Für 4 Gläser von je ca. 1½ dl

120 g Nüsslisalat	
360 g Joghurt nature	
1 EL flüssiger Honig	
1 EL Zitronensaft	
½ TL Salz	
wenig Pfeffer	

Nüsslisalat mit allen restlichen Zutaten im Mixglas pürieren.

Portion: 90 kcal, F 3 g, Kh 10 g, E 4 g

HOT MANGO SMOOTHIE

Vor- und zubereiten: ca. 10 Min.
Für 4 Gläser von je ca. 1½ dl

1 Mango, in Stücken (ergibt ca. 350 g)	
1 Limette, heiss abgespült, trocken getupft, wenig abgeriebene Schale, ganzer Saft	
½ roter Chili, entkernt	
1 Prise Salz	
2 dl Wasser	

Mango mit allen restlichen Zutaten im Mixglas pürieren.

Portion: 46 kcal, F 1 g, Kh 11 g, E 1 g

KIWIDRINK

Vor- und zubereiten: ca. 10 Min.
Für 4 Gläser von je ca. 1½ dl

4 Kiwis, geschält, in Stücken (ergibt ca. 350 g)	
4 EL glattblättrige Petersilie	
3 Orangen, nur Saft (ergibt ca. 3 dl)	

Kiwis mit allen restlichen Zutaten im Mixglas pürieren.

Portion: 79 kcal, F 1 g, Kh 17 g, E 1 g

EXTRAPOWER IM FRÜHLING

COOLER HIMBEERDRINK

Vor- und zubereiten: ca. 10 Min.
Für 4 Gläser von je ca. 1½ dl

250 g tiefgekühlte Himbeeren, angetaut

3 Orangen, nur Saft (ergibt ca. 3 dl)

5 Pfefferminzblätter

Himbeeren mit allen restlichen Zutaten im Mixglas pürieren, evtl. durch ein Sieb streichen.

Portion: 59 kcal, F 1 g, Kh 13 g, E 1 g

RADIESLI-APFEL-DRINK

Vor- und zubereiten: ca. 10 Min.
Für 4 Gläser von je ca. 1½ dl

1 Bund Radiesli mit wenig Grün, halbiert (ergibt ca. 200 g)

3 dl Apfelsaft

1 Limette, heiss abgespült, trocken getupft, wenig abgeriebene Schale und 1 EL Saft

Radiesli und Radiesligrün mit allen restlichen Zutaten im Mixglas pürieren.

Portion: 41 kcal, F 1 g, Kh 9 g, E 1 g

ERDBEER-RHABARBER-SMOOTHIE

Vor- und zubereiten: ca. 15 Min.
Für 4 Gläser von je ca. 1½ dl

200 g Rhabarber, in Stücken

1 EL Zucker

250 g Erdbeeren

1 dl Mineralwasser, kalt

Rhabarber und Zucker in einer Pfanne mischen, zugedeckt ca. 3 Min. weich dämpfen, etwas abkühlen. Rhabarber mit den Erdbeeren im Mixglas pürieren, Wasser darunterrühren.

Portion: 38 kcal, F 1 g, Kh 8 g, E 1 g

INGWER-SPARGELSUPPE

Vor- und zubereiten: ca. 25 Min.
Ergibt ca. 8 dl

1 EL Butter

1 Zwiebel, grob gehackt

2 cm Ingwer, in Scheibchen

500 g weisse Spargeln, geschält, in Stücken

2 dl Gemüsebouillon

1 dl Rahm

Salz, Pfeffer, nach Bedarf

Butter warm werden lassen. Zwiebel, Ingwer und Spargeln andämpfen, Bouillon dazugiessen, aufkochen, zugedeckt bei kleiner Hitze ca. 10 Min. köcheln. Rahm dazugiessen, Suppe pürieren, würzen.

Portion: 139 kcal, F 12 g, Kh 6 g, E 3 g

PURE FRISCHE IM SOMMER

KIRSCHEN-SHOT

Vor- und zubereiten: ca. 10 Min.
Für 4 Gläser von je ca. 1½ dl

500 g Kirschen, entsteint
2 EL Holunderblütensirup
1 Zitrone, nur ½ Saft
3 EL Wasser
5 Pfefferminzblätter

Kirschen mit allen restlichen Zutaten im
Mixglas pürieren.

Tipp: Statt frische tiefgekühlte entsteinte
Kirschen, aufgetaut, mit dem entstandenen
Saft verwenden.

Portion: 110 kcal, F 1 g, Kh 25 g, E 2 g

APRIKOSEN-TOMATEN-DRINK

Vor- und zubereiten: ca. 10 Min.
Für 4 Gläser von je ca. 1½ dl

300 g Fleischtomaten, in Stücken
250 g Aprikosen, in Vierteln
1 Zitrone, nur ½ Saft
2 Prisen Salz
wenig Pfeffer
5 Basilikumblätter

Tomaten mit allen restlichen Zutaten im
Mixglas pürieren.

Portion: 40 kcal, F 1 g, Kh 8 g, E 1 g

MELONEN-BROMBEER-SMOOTHIE

Vor- und zubereiten: ca. 5 Min.
Für 4 Gläser von je ca. 1½ dl

500 g Wassermelone, in Stücken
250 g Brombeeren
1 EL Zucker
5 Zitronenmelissenblätter

Wassermelone mit allen restlichen Zutaten
im Mixglas pürieren, evtl. durch ein Sieb
streichen.

Portion: 62 kcal, F 1 g, Kh 13 g, E 1 g

BLITZ-GAZPACHO

Vor- und zubereiten: ca. 10 Min.
Ergibt ca. 8 dl

3 rote Peperoni, in Stücken
1 Gurke, geschält, halbiert, entkernt,
in Stücken
50 g Weissbrot, in Stücken
1 EL Tomatenpüree
1 EL Olivenöl
1 TL Salz
wenig roter Tabasco
2 Zweiglein Dill, zerzupft
3 Eiswürfel, nach Belieben

Peperoni mit allen restlichen Zutaten im
Mixglas pürieren.

Portion: 103 kcal, F 4 g, Kh 15 g, E 3 g

ENERGIEQUELLE IM HERBST

BEEREN-SMOOTHIE

Vor- und zubereiten: ca. 10 Min.
Für 4 Gläser von je ca. 1½ dl

250 g Blaubeeren
200 g Johannisbeeren
2 dl Cranberrysaft

Blaubeeren mit den restlichen Zutaten im
Mixglas pürieren, durch ein Sieb streichen.

Portion: 62 kcal, F 1 g, Kh 13 g, E 1 g

ZWETSCHGEN-SMOOTHIE

Vor- und zubereiten: ca. 15 Min.
Für 4 Gläser von je ca. 1½ dl

400 g Zwetschgen, in Vierteln
1 EL Ahornsirup
2½ dl Wasser

Zwetschgen, Sirup und 2 Esslöffel Wasser
in einer Pfanne mischen, zugedeckt
ca. 5 Min. weich dämpfen, etwas abkühlen.
Zwetschgen mit dem restlichen Wasser
im Mixglas pürieren.

Portion: 45 kcal, F 0 g, Kh 10 g, E 1 g

GRÜNE FRUCHTFEE

Vor- und zubereiten: ca. 10 Min.
Für 4 Gläser von je ca. 1½ dl

1 säuerlicher Apfel, in Stücken
1 Banane, in Stücken
100 g Jungspinat
3 Orangen, nur Saft (ergibt ca. 3 dl)

Apfel mit den restlichen Zutaten im Mixglas
pürieren.

Portion: 87 kcal, F 1 g, Kh 20 g, E 2 g

ZITRONIGE KÜRBISSUPPE

Vor- und zubereiten: ca. 20 Min.
Ergibt ca. 8 dl

1 EL Butter
400 g Kürbis (z. B. Butternut), in Stücken
2 Stängel Zitronengras, gequetscht
4 dl Gemüsebouillon
1 dl Rahm
Salz, Pfeffer, nach Bedarf

Butter in einer Pfanne warm werden lassen.
Kürbis und Zitronengras andämpfen,
Bouillon dazugiessen, aufkochen, zugedeckt
bei kleiner Hitze ca. 10 Min. köcheln.
Zitronengras entfernen, Rahm in die Suppe
giessen, im Mixglas pürieren, würzen.

Portion: 127 kcal, F 12 g, Kh 5 g, E 1 g

AUSGEWOGEN GENIESSEN IM ALLTAG

Das geht einfacher als oft vermutet. Die wichtigsten Voraussetzungen sind etwas gesunder Menschenverstand, Freude an guten Produkten, am Kochen und Geniessen. Hier finden Sie die wichtigsten Tipps und Tricks, die Ihnen den gesunden Genuss im Alltag erleichtern.

Trinken: Richtig ist wichtig

Das natürliche Getränk des Menschen ist Wasser. Davon brauchen wir täglich 1 bis 2 Liter, je nach körperlicher Anstrengung, Temperatur usw. Gerade am Morgen ist es wichtig, den Flüssigkeitsverlust der Nacht wieder auszugleichen. Kinder wie Erwachsene sollten am Morgen immer mindestens ein Glas Wasser trinken, noch bevor sie aus dem Haus gehen. Auch über den Tag verteilt trinken, beispielsweise jede Stunde ein grosses Glas Wasser. So kommen auch Trinkmuffel leicht auf die benötigte Trinkmenge. Durst ist ein Signal des Körpers, dass er bereits zu wenig Flüssigkeit hat. Daher regelmässig trinken und nicht erst auf den Durst warten.

So fällt das Trinken leichter

Wasser lässt sich abwechslungsreich aromatisieren, zum Beispiel mit Kräuterzweigen (z. B. Zitronenverveine, Pfefferminze) oder mit Zitrusscheiben oder -schnitzen (z. B. Limetten, Zitronen, Orangen). Ingwerscheiben und Zitronengras bringen eine leicht exotische Note ins Wasser.

Ungesüsste Kräuter- und Früchtetees lassen sich ebenfalls mit den Aromatricks oben in attraktive Durstlöscher verwandeln. Auch ein wenig Apfelsaft oder selbst gepresster Fruchtsaft peppen einen einfachen Tee auf.

<u>Shorle home-made:</u> Selbst gepresste Fruchtsäfte oder Smoothies (S. 76–83) mit kohlensäurehaltigem Mineralwasser verdünnen. Auch selbst gemachter Sirup, stark verdünnt, bringt Abwechslung.

Und schliesslich sind Eiswürfel mit Beeren ein spannender Hingucker in jedem Glas.

Frucht- und Gemüsesäfte

Frucht- und Gemüsesäfte sind flüssige Nahrung und zählen nur bedingt zur Flüssigkeitszufuhr. Gekaufte Fruchtsäfte enthalten reichlich Zucker oder Zuckeraustauschstoffe wie Fructose; sie sind kalorienreich und sättigen kaum.

Tipps: Besser Früchte essen als trinken; sie enthalten wertvolle Nahrungsfasern, mehr Vitamine, Mineralien und bioaktive Substanzen. Durch das Kauen und das Volumen sättigt Obst besser. Wenn Saft, dann möglichst frisch gepresste Gemüse- und Fruchtsäfte, sie enthalten weniger Salz bzw. Zucker als gekaufte Säfte. Säfte mit reichlich Wasser verdünnen.

Süssgetränke und Energiedrinks

Beide enthalten sehr viel Zucker, das heisst leere Kalorien ohne wichtige Nährstoffe. Viele dieser Getränke enthalten zusätzlich Säuren, die den Zahnschmelz angreifen; die Folgen sind Karies und Zahnerosion. Süssgetränke eignen sich nicht als Alltagsgetränke. Energiedrinks haben zudem eine anregende Wirkung, sie sind daher für Kinder ungeeignet. Auch Jugendliche und Erwachsene sollten Energiedrinks nur selten konsumieren.

Tipps:

– Immer reichlich gesunde Alternativen bereitstellen, evtl. auch für unterwegs (siehe «So fällt Trinken leichter»).

– Alternativen zu Energiedrinks: ungesüsster, eiskalter Kaffee, Grüntee mit Minze, Mate-Tee mit Hibiskus.

– Eltern und Kinder vereinbaren ein bis zwei Vorsätze, die dann mit Sportsgeist eingehalten werden (z. B. Süssgetränke gibt es am Sonntag, auswärts, an Festtagen).

Ratgeber

Gemüse und Früchte

Gemüse und Früchte enthalten Vitamine, Mineralstoffe und weitere für die Gesundheit wichtige Inhaltsstoffe. Zudem sind die darin enthaltenen Nahrungsfasern wichtig für die Gesundheit, speziell für eine gute Verdauung. Deshalb sollten diese beiden Powerpakete täglich mehrmals auf dem Menüplan stehen. Damit das leichter fällt, gibt es drei einfache Regeln, an die man sich halten kann:

> regional und saisonal
> 5 am Tag
> möglichst viel Abwechslung

Regional und saisonal

Gemüse und Früchte aus regionaler Produktion bevorzugen. Kurze Transportwege sind ökologisch sinnvoll, zudem können Gemüse und Früchte voll ausreifen; sie haben mehr Geschmack und mehr gesunde Inhaltsstoffe.

Tipp: Eine Saisontabelle in der Küche aufhängen, so hat man immer den Überblick, was gerade aus dem Inland Saison hat.

5 am Tag

Die 5-am-Tag-Regel ist eine praktische Hilfe, um zu überprüfen, ob der eigene Bedarf ausreichend gedeckt ist. Wer sich regelmässig mit 5 Portionen Gemüse und/oder Früchten pro Tag versorgt, nimmt ausreichend gesunde Vitamine und Mineralstoffe auf.
Als eine Portion gilt eine Handvoll (ca. 120 g).

Tipps:

– Ein bis zwei Fruchtportionen ins Frühstücksmüesli geben. Zum Mittagessen einen Salat und/oder eine Portion Gemüse, Knabbergemüse zum Znüni oder Zvieri, zum Znacht eine Gemüsesuppe und zum Dessert Obst – schon sind die 5 Portionen spielend in den Alltag integriert. Früchte besser zum Dessert geniessen als zwischen den Mahlzeiten.

– Eine zusätzliche Portion Gesundheit liefern die Smoothies und Suppen S. 76–83.

Möglichst viel Abwechslung

Jedes Gemüse und jede Frucht hat ganz spezifische Inhaltsstoffe. Um sich möglichst vielseitig mit diesen wertvollen Stoffen zu versorgen, nicht nur die Sorten möglichst vielseitig wählen, sondern auch auf eine möglichst bunte Farbpalette achten. Beispielsweise einen grünen Blattsalat mit roten Tomaten, gelben Peperoni und orangen Rüebli anreichern. Zudem sorgt neben gekochtem Gemüse auch Rohkost (z. B. Salate, Fruchtmüesli) für Abwechslung.

Tipp: Beim Kochen möglichst schonende Zubereitungsarten wählen, zum Beispiel Dämpfen im eigenen Saft oder mit wenig Flüssigkeit. Das Gemüse nur knapp weich dämpfen, damit die hitzeempfindlichen und wasserlöslichen Vitamine möglichst erhalten bleiben.

Haben tiefgekühltes Gemüse und Früchte noch Vitamine?

Tiefkühlgemüse und -obst wird heute erntefrisch gefroren. Das schont die Vitamine und andere wertvolle Inhaltsstoffe. Die Vitaminbilanz von Tiefgekühltem ist oft besser als diejenige von Gemüse und Obst, das über weite Strecken transportiert und/oder lange gelagert wurde.

Tipps: Immer einen kleinen Vorrat im Tiefkühler/Tiefkühlfach haben, so kann man dennoch eine Extraportion Gesundes zubereiten, auch wenn es einmal nicht mehr für den Einkauf gereicht hat. Besonders schnell sind Blattspinat und Erbsli zubereitet.

Kartoffeln, Teigwaren, Reis und Co.

Kartoffeln und Getreide versorgen uns mit Stärke, sie werden deshalb auch Stärkebeilagen genannt. Mengenmässig sind sie die wichtigsten Energielieferanten. Sie enthalten B-Vitamine und Mineralstoffe wie Magnesium, Eisen und Zink sowie sekundäre Pflanzenstoffe und Nahrungsfasern. Wir brauchen regelmässig Stärke, um fit und konzentriert zu sein. Die Portionengrösse muss nicht riesig sein, sie richtet sich nach der körperlichen Aktivität.

Vollkornprodukte enthalten mehr Nahrungsfasern als verarbeitete Produkte; sie sind wichtig für die Gesundheit, speziell für eine gute Verdauung. Zudem enthalten sie mehr Vitamine, Mineralstoffe und gesundes, leicht verdauliches Eiweiss.

Tipps: Dinkelteigwaren sind sehr beliebt. Vollreis überrascht mit seiner nussigen Note und schmeckt sehr vielen Leuten. Vollkornbrot gibt es in tollen Varianten mit Nüssen und Kernen. Auch das Lieblings-Couscous-Rezept lässt sich zur Abwechslung statt mit Couscous einmal mit Buchweizen, Hirse, Haferschrot oder Quinoa zubereiten.

Hülsenfrüchte

Hülsenfrüchte enthalten fast gleich viel Stärke wie gesundes, pflanzliches Eiweiss, gesunde Vitalstoffe und Nahrungsfasern. Zudem sättigen sie lange, lassen sich äusserst vielseitig zubereiten und sind sehr preiswert. Getrocknete Bohnenkerne, Erbsen und Kichererbsen müssen über Nacht eingeweicht werden, das heisst es braucht ein bisschen Planung.

Klug kombiniert mit Milchprodukten, Getreide oder Kartoffeln, liefern Hülsenfrüchte eine optimale Versorgung mit Eiweiss – das ist gerade für Vegetarier sehr wichtig.

Tipps: Im Alltag sind Hülsenfrüchte aus der Dose eine praktische Alternative. Um Hülsenfrüchte besser kennenzulernen, empfehlen sich Kichererbsen und rote Linsen, sie schmecken fast allen, und sie sind sehr bekömmlich. Rote Linsen haben zudem eine Kochzeit von weniger als 10 Minuten.

Wie viel Eiweiss brauchen wir?

Der Körper ist auf Eiweiss angewiesen. Eiweiss steckt aber auch in vielen pflanzlichen Lebensmitteln. Das Eiweiss aus tierischen Lebensmitteln ist für den Körper leichter verwertbar. Im Vergleich zu den Kohlenhydraten braucht der Körper weniger Eiweiss.

Fleisch

Fleisch brauchen wir nicht täglich. Auch Milchprodukte, Tofu, Seitan oder Quorn liefern gutes Eiweiss. Anstatt täglich und grosse Fleischportionen zu essen, besser unter den verschiedenen Eiweissquellen abwechseln, zwei bis drei Portionen Fleisch von ca. 120 g pro Woche reichen aus.

Tipp: Geräucherter Tofu schmeckt auch Leuten, die bei Tofu erst einmal die Nase rümpfen. Der feine Rauchgeschmack verleiht vielen Pastagerichten und Eintöpfen eine angenehm würzige Note – ähnlich wie Speck.

Fisch

Fisch liefert neben Eiweiss die sehr gesunden Omega-3-Fettsäuren. Wegen unökologischer Zuchten und der Überfischung der Meere ist häufiger Fischgenuss allerdings in die Kritik geraten. Daher beim Einkauf von Zuchtfischen auf Bioqualität und bei Wildfang auf das MSC-Label achten. Einheimische Fische haben den Vorteil, dass sie dank kurzer Transportwege ganz frisch auf den Tisch kommen.

Tipps: Wer keinen Fisch isst, kann von den gesunden Omega-3-Fettsäuren in schonend kaltgepresstem Öl profitieren (z. B. Raps-, Oliven- und Leinöl). Auch Alpkäse enthält einen hohen Anteil an gesunden Fettsäuren.

Gute Öle und Fette sind wichtig

Fette und Öle sind in unserer Ernährung unverzichtbar! Dabei kommt es auf die richtige Wahl und Menge an. Ein Erwachsener braucht pro Tag etwa 2–3 Esslöffel hochwertiges Öl und 10–20 g Butter.

Für die kalte Küche eignen sich kaltgepresste Öle (z. B. Raps-, Oliven-, Leinöl).

Tipp: 1–2 Öle genügen, da Öl relativ schnell verdirbt. Besser abwechseln als zu viele Sorten auf einmal kaufen.

Zum Dämpfen eignen sich fast alle Öle, Butter und Ghee (geklärte Butter). Wichtig: Nicht heisser als bei mittlerer Temperatur dämpfen, sonst entwickelt sich schädliches Acrylamid.

Tipp: Gemüse im Dämpfkörbchen zubereiten, vor dem Servieren würzen, mit kaltgepresstem Oliven- oder Leinöl beträufeln.

Zum Braten eignen sich nur hitzestabile Öle (z. B. raffiniertes Oliven-, Erdnuss-, Frittieröl), Bratbutter oder Ghee (geklärte Butter).

Öle sind gesünder als feste Fette (z. B. Kokosfett), sie enthalten keine Transfette. Öl oder Fett nicht über 175 Grad erhitzen, da sich sonst schädliche Stoffe entwickeln. Entwickelt sich Rauch, ist der Fettstoff bereits zu heiss!

Nüsse und Samen

Nüsse und Samen enthalten ebenfalls gesunde Fette. Daher täglich eine kleine Menge Nüsse (ca. 20 Stück pro Person) oder Samen (1–2 Esslöffel) einplanen.

Tipps: Nüsse und Samen verderben wegen ihres hohen Fettgehalts relativ rasch. Nicht zu viele Sorten auf einmal kaufen, besser abwechseln und gut verschlossen im Tiefkühlfach aufbewahren. Evtl. leicht und ohne Fett geröstet über Müesli, Salate, Suppen, Gratins oder Pasta streuen. Öfters Nussbrot kaufen.

Süsses, Salziges, Alkohol

Bewusst und mit Genuss dann und wann genossen, verschönern sie uns das Leben. Aber sie sind Genuss- und keine Lebensmittel. Sie haben einige Nachteile für unsere Fitness und Gesundheit: So ermüden Zucker, viel Fett und Alkohol unseren Geist. Zuckerreiche Lebensmittel wie Süssigkeiten und Süssgetränke lassen den Blutzuckerspiegel nach einem kurzen Hoch tief sinken, was zu Müdigkeit und Heisshunger führt. Auch zu viel Fett macht schlapp. Alkohol vermindert die Konzentrationsfähigkeit.

Tipp: Gegen ein Gläschen Wein in Ehren oder gegen ein feines Dessert spricht nichts – hie und da. Es gibt keine Verbote, aber die Regel «Alles mit Mass».

Naschkatzen und Süssmäuler

Kleinkinder haben ein angeborenes Verlangen nach Süssem. Es ist deshalb völlig normal, wenn Kinder immer wieder nach Süssigkeiten verlangen. Diesem Wunsch jedes Mal nachzugeben, ist genauso unangemessen wie Süssigkeiten strikt zu verbieten. Verbote führen zu Heimlichkeiten und machen Süsses besonders reizvoll.

Tipps:
– Gesunde, süsse Hauptgerichte (S. 40–43) sind besondere Verwöhnmomente.
– Kinder naschen weniger, wenn sie regelmässig ein Dessert erhalten.
– Kinder lieben Rituale (z. B. Sonntag ist Desserttag).
– Jedes Kind bekommt eine Naschbox, die einmal pro Woche gefüllt wird. So lernen Kinder, sich die Portionen einzuteilen, ähnlich wie mit dem Taschengeld.

Entspannt ausgewogen

Sich ausgewogen ernähren heisst nicht, dass Tag für Tag jede Mahlzeit perfekt zusammengestellt sein muss. Das ist im hektischen Alltag kaum zu bewerkstelligen. Viel wichtiger ist, dass langfristig einige wichtige Punkte beachtet und mehrheitlich befolgt werden.

Tipp: Als Faustregel gilt: «Über eine Woche gerechnet, sollte die Ernährung ausgewogen sein.» Das bedeutet, dass es am Sonntag auch einmal ein Glace oder am Montagabend eine Fertigpizza sein darf, am besten ergänzt mit einem frischen Blattsalat.

Friedvoller Familientisch

Der Familientisch erfüllt wichtige Aufgaben in der Entwicklung eines Kindes. Zumindest eine gemeinsame Mahlzeit pro Tag wäre deshalb wünschenswert. Ein Suppenkasper oder eine Naschkatze können die Geduld des Kochs oder der Köchin arg strapazieren. Das gemeinsame Essen am Familientisch sollte aber für Eltern und Kinder eine entspannte Angelegenheit sein. Das fällt leichter, wenn einige Regeln und die Toleranzgrenzen vorher besprochen werden und diese Esskultur in der Familie dann gepflegt wird.

Diese Suppe ess ich nicht

Heikle Kinder sind eine Herausforderung für viele Eltern. Ihr Geschmacksempfinden ist feiner als bei Erwachsenen. Die Salatsauce ist für sie oft zu sauer, das Gemüse zu bitter, Gerichte sind zu scharf oder zu salzig.

Tipps:
– Besser zurückhaltend würzen.

– Kinder lieben unterschiedliche Komponenten auf dem Teller, schön voneinander getrennt. Mischen wollen sie selber.

– Abgelehnte Gemüsesorten nach einiger Zeit wieder anbieten. Aus neuen Studien weiss man, dass sich Kinder erst nach etwa 15-maligem Probieren an einen neuen Geschmack gewöhnt haben.

– Wenn Kinder Gemüse im Garten oder auf dem Balkon selber ziehen dürfen, erleben sie die Saison bewusst mit und bekommen zu Gemüse eine positivere Einstellung.

– Ab und zu mit den Kindern den Markt besuchen und sie selber einkaufen lassen, das macht ihnen Spass und weckt ihre Neugierde.

– Kinder beim Rüsten und Kochen miteinbeziehen, dabei probieren sie gern etwas und entdecken so Neues.

Ich bin dann mal Vegi

Viele Kinder und Jugendliche durchlaufen eine Vegi-Phase, einige bleiben dabei. Kein Grund zur Sorge. Kinder können sich auch ohne Fleisch und Fisch ausgewogen ernähren und gesund heranwachsen, wenn Fleisch und Fisch richtig ersetzt werden.

Tipps:

– Milch, Milchprodukte, Eier und Hülsenfrüchte decken den Eiweissbedarf ebenfalls.

– Eiweiss aus tierischen Nahrungsmitteln kommt dem körpereigenen Eiweiss näher als pflanzliches und erfüllt dadurch seine Aufgaben besser. Durch die Kombination beider Gruppen lässt sich die Eiweissquantität optimieren. Beispiele:

 – Getreide und Milchprodukte (z. B. Brot und Käse, Milchreis, Teigwaren mit Käse, Porridge)

 – Kartoffeln und Milchprodukte (z. B. Gschwellti mit Käse, Kartoffelgratin)

 – Kartoffeln und Ei (z. B. Rösti mit Spiegelei, Ofenguck)

 – Hülsenfrüchte und Getreide (z. B. Linsen-Reis-Topf, Pittabrot mit Falafel)

Der Morgenmuffel will kein Frühstück

Kinder lieben Abwechslung. Innerhalb der Frühstückspalette deshalb nach Lust und Laune variieren und kombinieren: verschiedene Flocken mit Milch, verschiedene Brote und Aufstriche, Joghurt oder Müesli mit Saisonfrüchten.

Es gibt Kinder, die mögen am Morgen einfach nichts essen. Ein flüssiges Frühstück in Form von einem Glas Milch mit Ovo oder Kakaopulver nehmen diese Kinder dennoch gern. Für den Hunger in der Pause ein gesundes Znüni mitgeben.

Gesunde Znünibox

Süssigkeiten, süsse Getreideriegel, Chips und gesüsste Getränke sind ungeeignet. Das ideale Znüni in der grossen Pause besteht aus einem Znüni und einem Getränk.

Früchte und Gemüse in Stücke schneiden, das animiert besonders zum Knabbern.

– Käsebrötchen und ungesüsster Tee

– einige Vollkorncracker mit Butter, Käse oder Fleisch, dazu Früchte- und Gemüsestückchen, Wasser

– Knabbergemüse mit Kräuterquark, ungesüsster Tee

ALPHABETISCHES REZEPTVERZEICHNIS

A

Apfel-Randen-Suppe 76
Apfel-Schinken-Toast 67
Apfelwähe 42
Auflauf, Zwetschgen-Brot- 43
Avocado, Quinoa-Salat mit 20
Avocadosauce, kalte 22

B

Blattspinat, Lachs auf 61
Blitz-Gazpacho 80
Brätkügeli mit Kartoffelstock 52
Brösmeli, Hörnligratin mit 8
Brot-Auflauf, Zwetschgen- 43

C

Cordons-bleus mit Pfiff, Poulet- 58
Country-Cervelats 60
Curry, Gemüse-Linsen- 38

D

Drinks und Smoothies
– Aprikosen-Tomaten-Drink 80
– Beeren-Smoothie 82
– Cooler Himbeerdrink 78
– Erdbeer-Rhabarber-Smoothie 78
– Green Power 76
– Grüne Fruchtfee 82
– Hot Mango Smoothie 76
– Kirschen-Shot 80
– Kiwidrink 76
– Melonen-Brombeer-Smoothie 80
– Radiesli-Apfel-Drink 78
– Zwetschgen-Smoothie 82

F

Fajitas de pollo 68
Falafel, Pittabrot mit 24
Fenchel-Risotto, Rüebli- 36
Fischknusperli mit Rüeblisalat 70
Flammkuchen mit Rohschinken, Spargel- 14
Fleischkäse, mediterraner 54

G

Gazpacho, Blitz- 80
Gemüse-Linsen-Curry 38
Gemüsesalat, griechischer 28
Geschnetzeltes mit Polenta, Paprika- 48
Gnocchi-Wurst-Gratin 66
Gratin mit Brösmeli, Hörnli- 8
Gratin, Lauch-Kartoffel- 33
Griechischer Gemüsesalat 28

H

Hackfleisch, Pilaw mit 50
Hackfleisch-Lasagne, Rüebli- 73
Hacktätschli mit Zucchinisalat 62
Hörnligratin mit Brösmeli 8

I

Ingwer-Spargelsuppe 78

K

Kaiserschmarrn mit Kirschen 40
Kartoffel-Gratin, Lauch- 33
Kartoffelstock, Brätkügeli mit 52
Käse-Wähe, Tomaten- 30
Käsechips, Krautstiel-Orecchiette mit 34
Kirschen, Kaiserschmarrn mit 40
Knusperbrötli mit Tomatensalat 32

Kohlrabisauce, Safranspiralen an 12
Krautstiel-Orecchiette mit Käsechips 34
Krawättli, Tomaten- 19
Kürbissuppe, zitronige 82
Kürbiswähe 37

L

Lachs auf Blattspinat 61
Lachs, Lauchnudeln mit 72
Lasagne, Rüebli-Hackfleisch- 73
Lasagne, Sommer- 16
Lauch-Kartoffel-Gratin 33
Lauch-Spinat-Pizza mit Radiesli 10
Lauchnudeln mit Lachs 72
Linsen-Curry, Gemüse- 38

M

Mandelbutter, Zanderfilets mit 56
Mediterraner Fleischkäse 54

O

Ofengemüse mit Raclettekäse 6
Orecchiette mit Käsechips, Krautstiel- 34

P

Paprika-Geschnetzeltes mit Polenta 48
Penne, Romanesco- 18
Pesto, Rucola- 22
Pilaw mit Hackfleisch 50
Pittabrot mit Falafel 24
Pizza mit Radiesli, Lauch-Spinat- 10
Polenta-Pizza 11
Pollo, Fajitas de 68
Poulet-Cordons-bleus mit Pfiff 58
Pouletflügeli vom Blech 51

Q

Quinoa-Salat mit Avocado 20

R

Raclettekäse, Ofengemüse mit 6
Radiesli-Sauce, Schinken- 64
Rahmsauce, Tomaten- 22
Rahmschnitzel mit Rüebli 46
Randen-Suppe, Apfel- 76
Reis, Sommer- 15
Risotto, Rüebli-Fenchel- 36
Risotto, Tomaten- 27
Romanesco-Penne 18
Rucola-Pesto 22
Rüebli, Rahmschnitzel mit 46
Rüebli-Fenchel-Risotto 36
Rüebli-Hackfleisch-Lasagne 73
Rüeblisalat, Fischknusperli mit 70

S

Safranspiralen an Kohlrabisauce 12
Salat mit Avocado, Quinoa- 20
Salat, griechischer Gemüse- 28
Salat, Hacktätschli mit Zucchini- 62
Saucen zu Teigwaren
– Avocadosauce, kalte 22
– Rucola-Pesto 22
– Schinken-Radiesli-Sauce 64
– Thonsauce 64
– Tomaten-Rahmsauce 22
– Wienerli-Tomaten-Sauce 64
Schinken-Radiesli-Sauce 64
Schinken-Toast, Apfel- 67
Sommerlasagne 16
Sommerreis 15

Spaghetti alle otto Pi 26

Spargel-Flammkuchen mit Rohschinken 14

Spargelsuppe, Ingwer- 78

Spinat-Pizza mit Radiesli, Lauch- 10

Suppen

– Apfel-Randen-Suppe 76

– Blitz-Gazpacho 80

– Ingwer-Spargelsuppe 78

– Zitronige Kürbissuppe 82

T

Thonsauce 64

Toast, Apfel-Schinken- 67

Tomaten-Käse-Wähe 30

Tomaten-Krawättli 19

Tomaten-Rahmsauce 22

Tomaten-Sauce, Wienerli- 64

Tomatenrisotto 27

Tomatensalat, Knusperbrötli mit 32

W

Wähe, Apfel- 42

Wähe, Kürbis- 37

Wähe, Tomaten-Käse- 30

Wienerli-Tomaten-Sauce 64

Wurst-Gratin, Gnocchi- 66

Z

Zanderfilets mit Mandelbutter 56

Zitronige Kürbissuppe 82

Zucchinisalat, Hacktätschli mit 62

Zwetschgen-Brot-Auflauf 43

Alle Rezepte in diesem Buch sind, wo nicht anders vermerkt, für 4 Personen berechnet.

Massangaben

Alle in den Rezepten angegebenen Löffelmasse entsprechen dem Betty Bossi Messlöffel.

Nährwertberechnung

Wenn für Bratbutter oder Öl zum portionenweisen Anbraten in den Zutaten keine Menge angegeben ist, gehen wir von ½ Esslöffel pro Portion aus. Die Angabe dient zur Berechnung der Nährwerte. Ist bei einer Zutat eine Alternative erwähnt, zum Beispiel Weisswein oder Bouillon, so wird immer die erstgenannte Zutat berechnet. Nur wenn Alkohol in einem Rezept vollständig eingekocht wird, enthält er keine Kalorien mehr. Wird er zur Hälfte eingekocht, enthält er die Hälfte an Kalorien, ansonsten wird er voll berechnet.

Ofentemperaturen

Gelten für das Backen mit Ober- und Unterhitze. Beim Backen mit Heissluft verringert sich die Back- bzw. Brattemperatur um ca. 20 Grad. Beachten Sie die Hinweise des Backofenherstellers.

Quellennachweis

Das im Buch abgebildete Geschirr und Besteck sowie die Dekorationen stammen aus Privatbesitz.

Ein Muss für jede Küche!

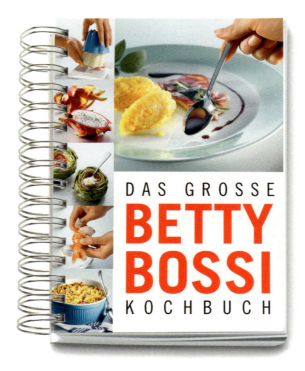

Dieses umfassende Buch mit vielen Grundrezepten, über 600 Bildern und noch mehr Tipps und Tricks. Ideal für Einsteiger, die mit Spass kochen möchten, aber auch geübten Köchinnen und Köchen leistet dieses Buch beste Dienste, sei es als Nachschlagewerk oder als Inspirationsquelle.

> Art. 27018.998

> Bestellen Sie mit der nachfolgenden Bestell-Karte oder unter www.bettybossi.ch

KNUSPRIGES BROT UND KÖSTLICHE BROTGERICHTE

Rezepte für Brot zum Selberbacken, vom Vollkornbrot bis zum Zopf. Praktische Hinweise und Informationen zu den Grundzutaten. Dazu eine Fülle von Rezepten für feine Brotgerichte: neue, leichte Kreationen und Klassiker aus Grossmutters Küche.

> Art. 20900.998

DAS NEUE GUETZLIBUCH

Klassische Weihnachtsguetzli mit neuen Kreationen und die feinsten Schoggiguetzli zum Verwöhnen. Köstliche Guetzli, schnell gemacht, und eine Auswahl der besten Vollkornguetzli. Dazu Ideen für hübsche Verpackungen.

> Art. 20902.998

DAS ANDERE GRILLIERBUCH

Milde und pikante Marinaden, Geflügel, Fisch oder Fleisch, feines Gemüse, aromatische Früchte und raffinierte Beilagen. Rezepte für den Grill, aber auch für Backofen oder Grillpfanne. Dazu Tipps und Tricks rund um Feuer und Glut.

> Art. 20904.998

FEINE SAUCEN UND PASSENDE GERICHTE

Helle und dunkle Saucen, dazu passende, raffinierte Fleisch-, Geflügel- und Fischgerichte. Klassische Saucen und neue, pfiffige Varianten. Eine Fülle von kalten Saucen für feine Apéro-Häppchen sowie Tipps und Tricks.

> Art. 20910.998

NEUE ALLTAGSREZEPTE

Eine Fülle neuer Rezepte für jeden Tag, ob für die Familie, für zwei Personen oder sogar für unerwartete Gäste. Wir präsentieren schnelle, saisonale, einfache, aber nicht minder pfiffige Gerichte.

> Art. 20922.998

GÄSTE VERWÖHNEN – LEICHT GEMACHT

Verführerische Rezepte mit ausführlichen Vorbereitungstipps, damit viel Zeit für die Gäste bleibt. Vier raffinierte Dinners und zwölf köstliche Drei-Gang-Menüs sorgen das ganze Jahr hindurch für unvergessliche Einladungen.

> Art. 20926.998

GAUMENFREUDEN

Erfolgsrezepte aus der Betty Bossi Kochschule für Geflügel, Fleisch und Fisch mit interessanten Tipps und zahlreichen Informationen zu den Zutaten. Gerichte, deren Zubereitung Spass macht. Das Resultat lässt Geniesser schwelgen!

> Art. 20932.998

GRATINS UND AUFLÄUFE

Köstliches aus dem Ofen, ganz einfach zubereitet. Im Mittelpunkt steht die Vielfalt des Gemüses, kombiniert beispielsweise mit Teigwaren, Kartoffeln, Fleisch oder Fisch. Dazu ein Kapitel mit süssen Überraschungen.

> Art. 20934.998

DESSERTS FÜR ALLE

Raffinierte Desserts zum Verlieben! Cremen, Sorbets, Törtchen und vieles mehr! Hier kommen Dessert-Fans ins Schwärmen. Süsses, mal luftig, mal eisig, auch knusprig oder fruchtig frisch. Diese Gaumenfreuden krönen jedes feine Essen.

> Art. 20938.998

ANTIPASTI & PASTA

Für alle Fans der italienischen Küche: die herrlichsten Vorspeisen, viele neue Pasta-Saucen für jede Jahreszeit, Salate, Suppen und Köstlichkeiten aus dem Ofen. Das ist pure italienische Lebensfreude auf dem Teller.

> Art. 20942.998

DIE BELIEBTESTEN REZEPTE

Die Lieblingsrezepte unserer Abonnentinnen und Abonnenten aus der Betty Bossi Zeitung, erstmals in einem Buch veröffentlicht: Fleisch-, Geflügel- und Fischgerichte, Feines mit Gemüse, tolle Desserts und Mitbringsel zum Brillieren.

> Art. 20948.998

DAS NEUE SALATBUCH

Viele neue Rezepte für Salatgenuss rund ums Jahr: raffinierte Vorspeisen, leichte Hauptgerichte und schnelle Beilagen. Dazu 3 Salat-Buffets mit Vorbereitungstipps, über 70 Salatsaucen sowie wertvolle Informationen rund um den Salat.

> Art. 27000.998

AUS 1 PFANNE

Schnelle Alltagsrezepte mit wenigen Zutaten und nur einer Pfanne: Überraschendes mit Spätzli, Rösti, Teigwaren, Fleisch und Poulet. Dazu ein paar neue, unkomplizierte Wok-Gerichte. Unkompliziert geniessen ist so einfach.

> Art. 27002.998

BACKSTUBE

80 neue Rezepte für Cakes, Kuchen, Strudel, Blechkuchen, Wähen und Muffins, mit süssen Früchten und cremigen Füllungen. Das kleine Back-Abc und viele Tipps sichern Ihren Backerfolg und den süssen Genuss.

> Art. 27004.998

REISKÜCHE

Einfach in der Zubereitung, leicht im Genuss: 35 herrliche Risotto-Varianten als Vorspeise, Beilage oder Hauptgericht, dazu kreative Rezepte für Tätschli, Gratins, Salate, 28 raffinierte Beilagen und verführerische Dessertideen.

> Art. 27006.998

NIEDERGAREN – LEICHT GEMACHT

Zarter und saftiger kann Fleisch nicht sein! Die besten Stücke von Rind, Kalb, Schwein, Lamm, Kaninchen, Reh und Geflügel. Dazu 65 neue, raffinierte Saucen, viele Marinaden, Tipps und Tricks unserer Profis.

> Art. 27010.998

CAKE-FESTIVAL

Cakes sind schnell gemacht und schmecken allen. Feines für die Weihnachtszeit, viele neue Rezepte und einige heiss begehrte Klassiker. Besonders raffiniert: pikante Cakes zum Brunch oder Apéro. Dazu originelle Deko-Tipps.

> Art. 27012.998

FEINES MIT GEFLÜGEL

Viele neue, leichte Rezepte mit Poulet, Truthahn, Ente und Strauss. Knuspriges aus dem Ofen, delikat Geschmortes und Sommerliches vom Grill, feine Vorspeisen, einige Klassiker aus fernen Ländern und viele Tipps rund um Geflügel.

> Art. 27016.998

GESUND GENIESSEN

Schlank bleiben oder schlank werden mit unseren feinen Frühstücksideen, mit kalten und warmen Gerichten mit Fleisch, Poulet, Fisch und vegetarisch. Dazu himmlische Desserts und viele Tipps rund um die gesunde Ernährung.

> Art. 27022.998

WUNDERBAR HALTBAR

Selbstgemacht schmeckts am besten: Konfitüren, Gelees, Sirup, Feines in Essig und Öl, Dörrfrüchte, hausgemachte Bouillon – alles ganz natürlich. Dazu viele schnelle Rezepte mit den selbstgemachten Delikatessen und viele Tipps für sicheres Gelingen.

> Art. 27024.998

GSCHNÄTZLETS & GHACKETS

Schnell, gut, günstig: kleine Mahlzeiten, Vorspeisen, Pasta-Saucen, Eintöpfe, Gerichte aus dem Ofen, Gschnätzlets und Ghackets mit feinen Saucen, Hamburger- und Tatar-Variationen. Dazu Tipps und eine Pannenhilfe für Saucen.

> Art. 27026.998

BACKEN IN DER WEIHNACHTSZEIT

Neue Ideen für eine stimmungsvolle Adventszeit: 35 Sorten schnelle, einfache und traditionelle Guetzli, weihnachtliche Gugelhöpfe, Glühwein-Mini-Savarins, Stollen, Lebkuchen, Biberli, Birnenweggen, Grittibenzen und Dreikönigskuchen.

> Art. 27028.998

NEUE GEMÜSEKÜCHE

Bunt, gesund und kreativ: neue, einfache Rezepte mit einheimischem Gemüse, speziell für den Alltag geeignet. Beilagen, leichte Vorspeisen, feine Salate und unkomplizierte Hauptgerichte. Mit cleveren Tipps und einer Saisontabelle.

> Art. 27034.998

WÄHEN, PIZZAS, FLAMMKUCHEN

Super Rezepte und Tipps für schnelle Wähen, süss und pikant, klassisch und überraschend neu. Dazu die besten Rezepte für Pizza, Focaccia und raffinierte Flammkuchen. Sie entscheiden: Teig selber machen oder kaufen.

> Art. 27036.998

SCHNELLE VORSPEISEN, HÄPPCHEN & TAPAS

Feines zum Aperitif, raffinierte Vorspeisen und Salate zum Brillieren, Knuspriges aus dem Ofen und herrliche Tapas. Alle Rezepte sind schnell und einfach, dennoch mit einer Prise Glamour. Dazu viele Tipps rund ums Anrichten und Garnieren.

> Art. 27038.998

FASZINATION CURRY

Würzige Schmorgerichte, herzhafte Kokoscurrys, leichte Gerichte mit Fisch und Meeresfrüchten – dieses Buch bietet eine Vielfalt vom einfachen Bauerncurry bis zur königlichen Köstlichkeit.

> Art. 27040.998

KARTOFFELN

Viele neue Rezepte mit der Wunderknolle, schnell, einfach und dennoch raffiniert: aromatische Hauptgerichte, feine Beilagen, knackige Salate und schnelle Suppen. Dazu wie immer wertvolle Tipps rund um die Kartoffel.

> Art. 27042.998

PLÄTZLI & STEAKS

Suchen Sie Alternativen zum ewigen Schnipo? Voilà: jede Menge Abwechslung und kreative Ideen, dazu viele neue Saucen. Wir haben Plätzli und Steaks gefüllt und umhüllt, aufgespiesst und gerollt. Dazu feine «Plätzli»-Ideen für Vegis.

> Art. 27044.998

SCHWIIZER CHUCHI

320 Seiten!

Traditionsreiche Klassiker, neue, marktfrische Küche mit einheimischen Zutaten. Dazu Klassiker, neu interpretiert: aus denselben Zutaten ist ein neues Gericht entstanden, aber immer noch «ächt schwiizerisch».

> Art. 27046.998

FISCH UND MEERESFRÜCHTE

Gesund, leicht, raffiniert und vielseitig: neue, köstliche Rezepte für Vorspeisen, Suppen, Salate und Hauptgerichte. Dazu einige superschnelle Kreationen sowie Tipps für nachhaltigen Fischgenuss.

> Art. 27050.998

MARKTFRISCHE KÜCHE

Frisch, leicht und überzeugend: saisonale Rezepte, schnell und unkompliziert, mit einheimischen Zutaten. Denn: Das Gute liegt so nah! Verfeinert wird mit frischen Kräutern aus dem Kloster- und Bauerngarten.

> Art. 27052.998

EINFACH ASIATISCH

320 Seiten!

Die beliebtesten Gerichte und Neuentdeckungen aus den beliebtesten asiatischen Ländern: Thailand, Vietnam, China, Japan, Indonesien, Malaysia und Indien. Die Rezepte sind einfach nachzukochen, leicht und gesund.

> Art. 27054.998

FESTTAGE ZUM GENIESSEN

Mit diesen Hitrezepten wird Weihnachten, Silvester und jeder andere Feiertag zum kulinarischen Fest – für alle. Mit der richtigen Rezeptauswahl geniessen auch die Gastgeber in brillanter und entspannter Festtagslaune.

> Art. 27056.998

BRUNCH

Tolle Ideen für Ihren Brunch: kleine Delikatessen im Glas, knuspriges, süsses und pikantes Gebäck. Dazu überraschende Ideen rund um Brot und Ei. Dann das süsse Finale für alle Naschkatzen und Desserttiger.

> Art. 27058.998

GRATINS & …

Lust auf einen heissen Flirt? Dann aufgepasst: Diese Gratins und Aufläufe verführen Sie nach allen Regeln der Kunst. Die Kapitel: die Schnellen, die Leichten, zum Vorbereiten, die Edlen (für Gäste) und Fixes vom Blech.

> Art. 27060.998

GESUND & SCHLANK BAND 1

Mit Genuss essen, satt werden und dabei erst noch gesund abnehmen. Mit den feinen und ausgewogenen Rezepten in diesem Buch zum persönlichen Wohlfühlgewicht. Zusätzliche Unterstützung bietet der hilfreiche Ratgeberteil.

> Art. 27064.998

TAKE 4

Die Idee: Mini-Einkauf, schnelle Zubereitung und viel Genuss. Das Resultat: schnelle, einfache Rezepte für Verwöhnmomente. Dazu eine clevere Vorratsliste auch für Haushalte, in denen nicht täglich gekocht wird.

> Art. 27066.998

ECHT ITALIENISCH

Wir laden Sie ein zu einer kulinarischen Italienreise durch alle Regionen unseres südlichen Nachbarlandes. Es gibt neben heiss geliebten Traditionsrezepten auch viel Neues zu entdecken! Mediterrane Küche zum Schwelgen.

> Art. 27068.998

LUST AUF WURST

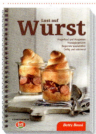

Herrliche Gerichte mit Schweizer Würsten in vier Kapiteln: Fingerfood & Vorspeisen, Nostalgiegerichte, regionale Spezialitäten und deftig & wärmend. Dazu natürlich viele Tipps und Tricks rund um die Wurst.

> Art. 27070.998

LUSTVOLL VEGETARISCH

Heute kochen namhafte Köche fleischlose Gerichte auf höchstem Niveau – mit grossem Erfolg. Auch privat geniessen immer mehr Leute vegetarisch. Höchste Zeit also für ein umfangreiches Buch voller köstlicher Vegi-Ideen.

> Art. 27072.998

KUCHENDUFT

Viele neue Rezepte für alle Jahreszeiten, jede Gelegenheit und jedes Talent: wunderbare Kuchen, Cakes und Torten. Dazu inspirierende Dekorationsideen und viele Tipps und Tricks, damit Ihre Kunstwerke sicher gelingen.

> Art. 27074.998

GESUND & SCHLANK BAND 2

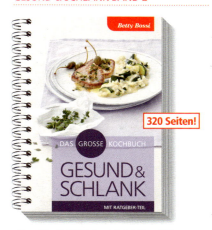

Band 2 mit 320 Seiten bietet über 150 neue Rezepte zum Abnehmen mit Genuss: Frühstück, Lunch, Nachtessen und Desserts – für alle Jahreszeiten. Zusätzliche Unterstützung bietet der hilfreiche Ratgeberteil.

> Art. 27076.998

DIE NEUE FLEISCHKÜCHE

Das Standard-Werk mit vielen neuen Rezepten, bekannten und neuen Techniken: Schmoren, Niedergaren oder Braten, Räuchern, Garen in der Salzkruste oder im Heu, Confieren und Sous-vide.

> Art. 27078.998

GESUND KOCHEN

Gut erhältliche Zutaten und schnelle Rezepte für viel ausgewogenen Genuss, auch im hektischen Alltag. Dazu praxisorientierte Tipps für einen gesunden Familienalltag.

> Art. 27080.998

Weitere Betty Bossi Vorteile!

Betty Bossi Zeitung

> 10 × jährlich
> Zeitung – mit Rezepten, die sicher gelingen!
> Neue Bücher und Spezial-Angebote – zum Abonnenten-Vorzugs-Preis!
> Ihre Betty Bossi Kochbücher sind jederzeit ONLINE abrufbar.

Bestellen Sie mit der nachfolgenden Bestell-Karte oder unter www.bettybossi.ch

Betty Bossi online

> 24 Stunden für Sie da!
> Alle Neuigkeiten auf einen Blick
> Einfache Navigation
> Schnelle Bestellung
> Kostenloser Newsletter
> Noch mehr Rezepte und wertvolle Tipps

www.bettybossi.ch

Betty Bossi Spezial-Angebote

> Von Betty Bossi erprobt, von Betty Bossi empfohlen!
> Clevere Helfer für Küche und Haushalt
> Innovative Eigenentwicklungen

Bestellen Sie unter www.bettybossi.ch

Bestell-Karte für die Betty Bossi Zeitung

Ihre Abo-Vorteile:

› Die Zeitung bietet Ihnen saisonale Rezepte mit Geling-Garantie und unzählige Tipps.
› Unsere neuen Kochbücher erhalten Sie mindestens 5 Franken günstiger.
› Nützliche und praktische Küchen- und Haushaltshilfen erleichtern Ihren Alltag.
› Mit dem Abo erhalten Sie online vollen Zugriff auf eine riesige Rezept-Datenbank.

Ja, ich bestelle hiermit ein Jahres-Abo der Betty Bossi Zeitung
(10 Ausgaben) für nur Fr. 23.90.*

Gewünschte Sprache:

deutsche Ausgabe (6510000.998)
französische Ausgabe (6520000.998)

Die Rechnung geht an: Frau   Herr

Name:

Vorname:

Strasse:

PLZ/Ort:

* Jahres-Abo: Preis Inland: Fr. 23.90, Preis Ausland: Fr. 32.–.
  Preisänderung vorbehalten.

Geschenkkarte für die Betty Bossi Zeitung

Und so einfach gehts:

1. Bestell-Karte vollständig ausfüllen und an uns senden.
2. Mit der ersten Ausgabe der Betty Bossi Zeitung informieren wir die beschenkte Person, von wem sie das Geschenk-Abo erhalten hat.

Ja, ich bestelle hiermit ein Jahres-Abo der Betty Bossi Zeitung
(10 Ausgaben) für nur Fr. 23.90.*

Gewünschte Sprache:

deutsche Ausgabe (6510000.998)
französische Ausgabe (6520000.998)

Das Abo ist für: Frau   Herr

Name:

Vorname:

Strasse:

PLZ/Ort:

Die Rechnung geht an: Frau   Herr

Name:

Vorname:

Strasse:

PLZ/Ort:

* Jahres-Abo: Preis Inland: Fr. 23.90, Preis Ausland: Fr. 32.–.
  Preisänderung vorbehalten.

	Bitte frankieren

Bitte senden Sie mir weitere Bestell-Karten zu.

Anzahl: _____

**Betty Bossi
Die Ideenküche
CH-6009 Luzern**

Betty Bossi

	Bitte frankieren

Bitte senden Sie mir weitere Bestell-Karten zu.

Anzahl: _____

**Betty Bossi
Die Ideenküche
CH-6009 Luzern**

Bestell-Karte für Betty Bossi Kochbücher

2019100

Anzahl	Artikel	Preis*
Brot und Brotgerichte	20900.998	Fr.21.90
Das neue Guetzlibuch	20902.998	Fr.21.90
Das andere Grillierbuch	20904.998	Fr.21.90
Feine Saucen und passende Gerichte	20910.998	Fr.21.90
Neue Alltagsrezepte	20922.998	Fr.21.90
Gäste verwöhnen – leicht gemacht	20926.998	Fr.21.90
Gaumenfreuden	20932.998	Fr.21.90
Gratins und Aufläufe	20934.998	Fr.21.90
Desserts für alle	20938.998	Fr.21.90
Antipasti & Pasta	20942.998	Fr.21.90
Die beliebtesten Rezepte	20948.998	Fr.21.90
Das neue Salatbuch	27000.998	Fr.21.90
Aus 1 Pfanne	27002.998	Fr.21.90
Backstube	27004.998	Fr.21.90
Reisküche	27006.998	Fr.21.90
Niedergaren – leicht gemacht	27010.998	Fr.21.90

Anzahl	Artikel	Preis*
Cake-Festival	27012.998	Fr.21.90
Feines mit Geflügel	27016.998	Fr.21.90
Das grosse Betty Bossi Kochbuch	27018.998	Fr.49.90
Gesund geniessen	27022.998	Fr.21.90
Wunderbar haltbar	27024.998	Fr.21.90
Gschnätzlets & Ghackets	27026.998	Fr.21.90
Backen in der Weihnachtszeit	27028.998	Fr.21.90
Neue Gemüseküche	27034.998	Fr.21.90
Wähen, Pizzas, Flammkuchen	27036.998	Fr.21.90
Schnelle Vorspeisen, Häppchen & Tapas	27038.998	Fr.21.90
Faszination Curry	27040.998	Fr.21.90
Kartoffeln	27042.998	Fr.21.90
Plätzli & Steaks	27044.998	Fr.21.90
Schwizer Chuchi	27046.998	Fr.36.90
The Swiss Cookbook	27048.998	Fr.36.90
Fisch und Meeresfrüchte	27050.998	Fr.21.90

Anzahl	Artikel	Preis*
Marktfrische Küche	27052.998	Fr.21.90
Einfach asiatisch	27054.998	Fr.36.90
Festtage zum Geniessen	27056.998	Fr.21.90
Brunch	27058.998	Fr.21.90
Gratins & …	27060.998	Fr.21.90
Gesund & Schlank Band 1	27064.998	Fr.21.90
Take 4	27066.998	Fr.21.90
Echt italienisch	27068.998	Fr.36.90
Lust auf Wurst	27070.998	Fr.16.90
Lustvoll vegetarisch	27072.998	Fr.36.90
Kuchenduft	27074.998	Fr.36.90
Gesund & Schlank Band 2	27076.998	Fr.36.90
Die neue Fleischküche	27078.998	Fr.36.90
Gesund kochen	27080.998	Fr.16.90

Die Rechnung geht an: Frau   Herr

Kundennummer:

Name:

Vorname:

Strasse:

PLZ/Ort:

* Preisänderung vorbehalten, zzgl. Versandkostenanteil

Betty Bossi

Bitte senden Sie mir weitere Bestell-Karten zu.

Anzahl: _____

Betty Bossi
Die Ideenküche
CH-6009 Luzern

Bitte
frankieren